KB018256

우리 아기는 지금
무슨 생각을 할까?

일러두기

이 도서는 한국출판문화산업진흥원의 '2020년 우수출판콘텐츠 제작 지원' 사업 선정작입니다.

우리 아기는 지금 무슨 생각을 할까?

아빠가 처음인 정신과 의사의 슬기로운 육아 생활

초판 1쇄 발행 2020년 6월 26일
초판 4쇄 발행 2021년 12월 10일

지은이 려원기

펴낸이 이성용
책임편집 박의성　**책디자인** 책돼지

펴낸곳 빈티지하우스
주　소 서울시 마포구 성산로 154 4층(성산동, 충영빌딩)
전　화 02-355-2696　**팩　스** 02-6442-2696
이메일 vintagehouse_book@naver.com
등　록 제 2017-000161호 (2017년 6월 15일)

ISBN 979-11-89249-33-5 03180

- 빈티지하우스는 독자 여러분의 투고를 기다리고 있습니다. 책으로 펴내고 싶은 원고나
  제안을 이메일(vintagehouse_book@naver.com)으로 보내주세요.
- 파손된 책은 구입하신 서점에서 교환해 드리며 책값은 뒤표지에 있습니다.

우리 아기는 지금 무슨 생각을 할까?

기절

하얗게 불태웠어...

아빠가 처음인 정신과 의사의
슬기로운 육아 생활

려원기 정신건강의학과 전문의
글·그림

차례

1 아빠의 탄생 008

육아 Q&A ① 다니엘 스턴 박사와의 (가상) 인터뷰 016

2 산후조리원에서 020

육아 Q&A ② 다니엘 스턴, 존 볼비 박사와의 (가상) 인터뷰 028

3 집으로 032

맺음말 _통과의례일 뿐입니다 040

4 첫 한 달 045

맺음말 _아기와 부모의 (믿음의) 연결고리 053

5 자라나고 있어요 056

맺음말 _아기의 사전에 포기는 없다 064

6 아기가 손을 탈까? 068

맺음말 _(만 1세까지는) 울면 안 돼 076

프리퀄 _ 제국군의 멸망 080

7 육아 전쟁 083

육아 Q&A ③ _장 피아제 선생님과의 (가상) 인터뷰 091

8 눈에 넣어도 안 아픈 095

맺음말 _부모는 언제나 걱정 중 099

프리퀄 _ 심심합니다 102

9 수면 교육 103

못 다한 이야기 _아기의 평화로운 수면을 위해 114

10 아기가 깨물어요 118

맺음말 _훈육의 타이밍 130

11 객관적 증오 133

맺음말 _분노를 온전히 받아들이는 법 147

12 이중구속 150

육아 Q&A ④ 밀턴 에릭슨 선생님과의 (가상) 인터뷰 159

13 이행기 대상 162

맺음말 _아기와 부모 사이의 징검다리 169

14 돌발진① 172

맺음말 _엄마의 엄마가 엄마의 아기에게 179

15 돌발진② 181

맺음말 _지금처럼 토닥여주세요 190

16 담아주기 193

맺음말 _감정적 보살핌, 육아 201

17 손에서 나쁜 냄새가 나요① 204

맺음말 _감당할 수 있는 수준의 좌절 212

18 손에서 나쁜 냄새가 나요② 215

맺음말 _충동의 대체물 찾아주기 ① 222

19 손에서 나쁜 냄새가 나요③ 224

맺음말 _충동의 대체물 찾아주기 ② 232

20 아기가 보고 있다 234

맺음말 _흉내쟁이 아기가 보고 있다 244

프리퀄 _ 거침없는 창작 247

21 도심의 갈매기 249

맺음말 _아기는 기발한 예술가 257

22 담아주기 revisited 261

못다 한 이야기 _눈물 안 나오게 해줄게 269

23 떼쓰기 대처법 총정리 273

맺음말 _아기도 참아내고 있어요 283

24 부모로 자라나기 287

맺음말 _부모는 아기와 함께 자란다 295

저자 후기 298

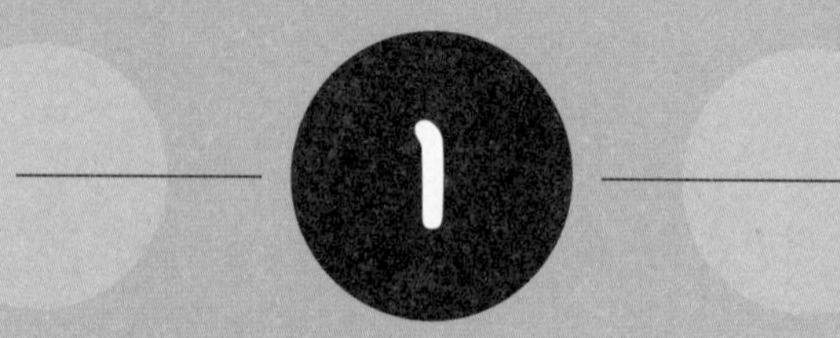

아빠의 탄생

아기가 생겼다.

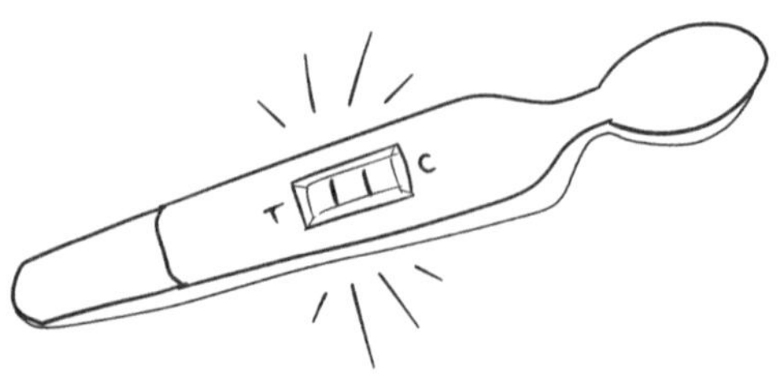

나는 정신과 의사였고...

전공의 시절, 소아정신과 병동에서
몇 개월을 보낸 경험이 있었다.

그래서 '아기의 발달'에 대해서는
대강 안다고 생각했다.

그러나…

아기를 글로 배웠습니다.

Daniel N. Stern (1934-2012):
정신과 의사. 정신분석가. 영아 발달 분야의 권위자. 그리고 다섯 자녀의 아버지

A. 깊은 마음과는 달리 겉으로는 엄마가 된다는 일을 별로 표현하지 않는 유형

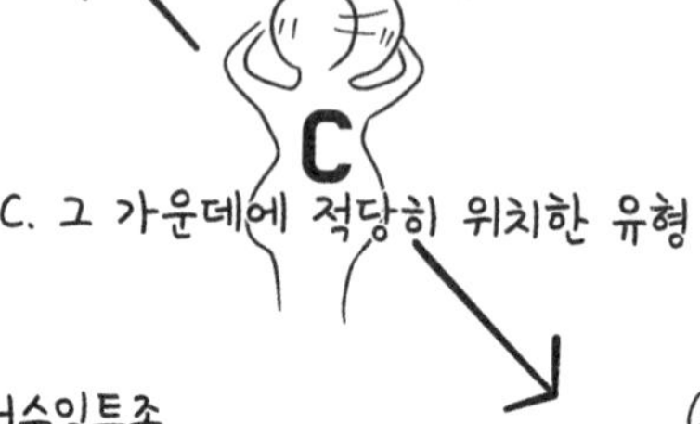

C. 그 가운데에 적당히 위치한 유형

B. 일거수일투족
모성 경험에 집중하는 유형

B

아마 아빠의 경우도 이 분류와 비슷하지 않을까?

굳이 분류하자면 나는 A유형에 가까웠던 것 같다.

어쩌면... 아버지라는 미지의 세계에
한 발짝 내딛는다는 게 두려웠던 것인지도 모르겠다.

그때까지도
뭔가 붕 뜬 기분이었다.

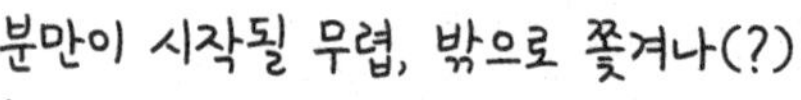

출입구 앞을 산만히 서성이다가

들어와서 탯줄을 잘랐고…
그렇게 아기는 세상에 나왔다.

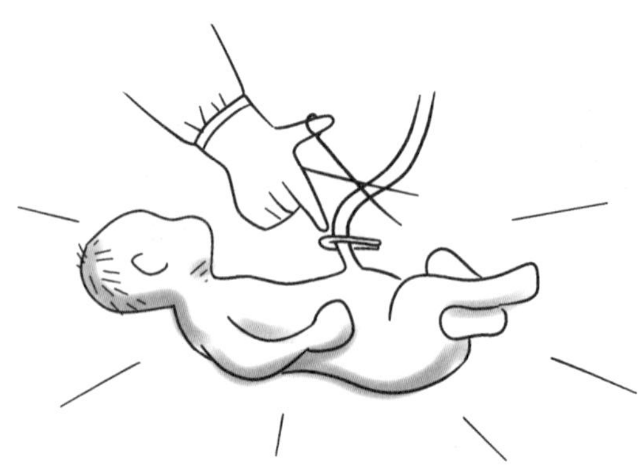

이렇게 보드레한 생명이 다 있다니...

어느덧 나는 아빠가 되어 있었다.

육아 Q&A ①

다니엘 스턴 박사와의 (가상) 인터뷰

아빠: 저는 아기가 태어나는 날까지도 아빠가 된다는 실감이 나지 않았습니다. 오히려 이현실감마저 들었어요. 아무런 준비도 없이 덜컥 아빠가 되어버린 느낌이었는데요. 이런 저는 무심한 아빠일까요?

스 박사: 그렇지 않습니다. 오히려 누구나 비슷한 과정을 겪지 않을까요? 부모라는 정체성은 한순간에 솟아나는 것이 아닙니다. 아기가 뱃속에 있을 무렵부터 만난 후 수개월이 흐를 때까지, 아기와 함께하는 시간들이 쌓여야 점차 모습을 드러내는 것입니다. 부모가 된다는 감정은 억지로 준비한다고 해서 만들어지는 게 아니니까 서두르거나 미리부터 부족하다 자책하지 마세요.

아빠: 뱃속의 아기와 애착을 형성하는 유형을 세 가지로 분류하셨는데요. 좀 더 구체적으로 소개해주실 수 있나요? 그리고 어째서 부모마다 애착 유형이 다른 것이지요?

스 박사: 학구적인 질문이네요. 애착을 세 가지 유형으로 나눈 것은, 어쩌면 작위적인 것인지도 모르겠습니다. 다만 그 가운데 자신의 경우와 좀 더 가까운 특정한 애착 형태는 분명 존재할 것입니다.

첫 번째 유형부터 살펴볼까요? 이 유형에 해당하는 분들은 엄마가 된다는 일에 심리적 거리를 두는 분들입니다. 속마음에서는 순간순간 아기에 관한 일들이 떠오르겠지만 곧 현재의 일상으로 돌아가는 모습을 보이는 분들이지요.

두 번째 유형에 해당하는 분들은 정반대입니다. 이분들은 일상에서 빈번하게 아기에 관한 것들을 떠올리고 빠져듭니다. 아마 어릴 적 자신의 어머니, 즉 예비 외할머니도 그랬을 가능성이 높습니다. 참고로 이때 예비 엄마와 예비 외할머니 간의 관계는 경계가 모호할 정도로 밀착된 경우가 많습니다.

세 번째 유형은 앞선 두 유형의 중간 정도라 보시면 되겠습니다. 사람마다 애착의 형태가 다른 것은 사람마다 어린 시절의 경험이 다르기 때문일 겁니다. 대개는 자신의 어머니가 제공해주었던 모습을 무의식적으로 답습하게 된답니다.

아빠: 저는 태어날 아기에 대해 상상을 해본 적이 별로 없었습니다. 이를테면 '아기가 누굴 닮았을까?', '목소리는 어떨까?' 같은 상상 말입니다. 마음의 먼발치에서 이따금 바라보다 다시 아무 일 없다는 듯 일상으로 돌아갔다고 표현하면 적절할까요. 이런 식의 냉정한 애착은 병적인 건가요?

스 박사: 천만에요. 세 가지 유형 가운데 병리적인 유형은 없습니다. 앞서 말씀드렸듯 세 가지 유형이 엄밀히 구분되는 것도 아니고요. 아무튼 우리는 각자 나름대로의 방식으로 긴 임신 기간 동안 부모가 될 준비를 하는 것이겠지요.

아빠: 초보 부모들에게 응원의 말씀이 있다면 부탁드립니다.

스 박사: 저희 부부는 아기 다섯을 키워냈습니다. 그러니 단언컨대 여러분도 할 수 있습니다. 건투를 빕니다!

2

산후조리원에서

출산 전 아내는 친구들에게
같은 얘기를 여러 번 들었다고 한다.

투_머치_톡.jpg

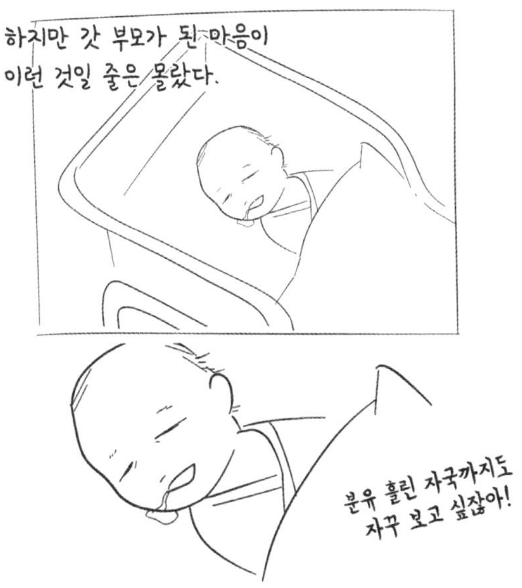

우리는 저항할 수 없이
매번 아기 면회 시간만 돌아오기를 기다렸고...

만날 시간이 다가올수록 생겨나는
소소한 고민들로 씨름하곤 했다.

한번은,
복도에서 마주친 능숙해 보이는 아빠가
내심 부럽기도 했다.

그런데 막상 아기를 우리 방으로 데려오면
별로 할 일이 없었고...

잠자는 아기 얼굴을 찬찬히 들여다보는 것으로
만족해야 할 때가 많았다.

이따금씩 자그마한 몸짓과 알쏭달쏭한 눈빛을
내비칠 때만 제외한다면…

문득 궁금해졌다.
아기도 이런 아빠 엄마의 존재를 느끼고 있을까?
일견 해답을 얻기 어려운 질문이다.

……

다니엘 스턴 (1화 참조)

다니엘 스턴은 이 질문에 힌트가 될만한 실험을 했다.

아기의 오른쪽에 친엄마의 모유가 묻은 패드를 두고,
왼쪽에는 타인의 모유가 묻은 패드를 둔다.

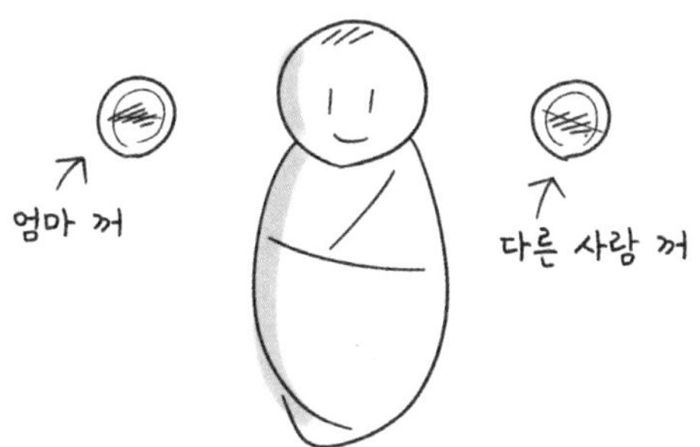

그리고 기다리면...?
아기는 친엄마의 젖 냄새가 나는 쪽으로 고개를 돌린다.
패드 위치를 바꾸면 아기도 따라 방향을 바꾼다.

아마도 아기는
삶이 시작되는 순간부터
특정 인물과
애착을 만들어나갈 능력을
타고나는듯싶다.

"아기에게는 애착의 대상이 필요합니다.
그가 곁에 있음으로 불안은 줄어들고
안전감이 자라나지요."

"이를 바탕으로 아기는 서서히
세상을 탐색하고
자신과 타인, 그리고 이 세상을
바라보는 내적 작동 모델을
만들어나간답니다."

존 볼비는 이런 식으로
생애 초기 적절한 애착의 중요성을 설명했다.

John Bowlby (1907-1990):
정신과 의사. 정신분석가. 애착 이론의 창시자

아무것도 안 하는 듯 보이는 아기는
이미 중요한 여정을 시작하고 있었고

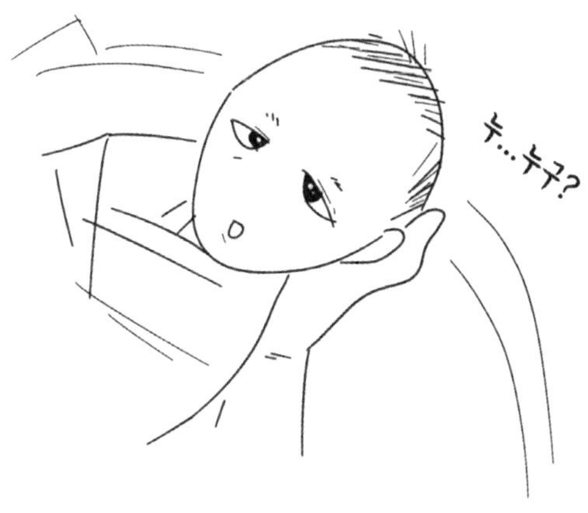

나에게는 책임이 생겼다.

'아기의 리듬에 템포를 맞추고,
때로는 견디고, 또 때로는 이끌어주어야 할 책임'이...

육아 Q&A ②

다니엘 스턴, 존 볼비 박사와의 (가상) 인터뷰

아빠: 태어난 지 얼마 되지 않은 아기조차도 엄마의 냄새를 구분할 수 있다는 사실이 놀랍습니다. 만화를 그리기 전에 미리 스턴 박사님의 패드 실험을 알았더라면 직접 한번 실험해봤을 텐데요. 아쉽네요.

그런데 스턴 박사님, 대부분 잠만 자는 것처럼 보이는 신생아에게 정말로 그런 능력이 있을까요? 발달 이론에 따르면 생후 1개월까지는 정상적인 자폐 단계에 머물며 외부 자극이 아닌 내적인 감각에만 몰두한다고 하는데 선생님 실험과는 모순되는 이야기 아닙니까?

스 박사: 이론이야 좋지요. 하지만 이론이 그렇다고 해서 실제 현상이 사라지는 것은 아닙니다. 실험실 상황이나 영상 분석을 통해 '엄마와 아기 사이의 상호작용'을 연구한 수많은 자료들이 '신생아가 외부 세계에 흥미를 보인다'는 사실을 말해주고 있습니다.

아빠: 볼비 박사님, '애착'이란 게 뭔가요? 그리고 생애 초기 애착이 왜 중요하죠?

볼 박사: '애착'이란 아기가 자신을 돌봐주는 사람에게 보이는 감정의 톤을 말합니다. 이는 미숙한 개체가 살아남기 위한 진화적인 산물이라 하겠습니다.

미숙한 아기가 거친 세상에서 살아남으려면 두 가지 조건이 필요합니다. 우선 자신보다 강하고, 똑똑하고, 불안과 고통을 해결해줄 수 있는 어른이 존재해야 하며, 둘째 그 어른이 자신의 주변에 항시 있어야 합니다.

거위와 같은 동물이 보이는 '각인imprinting' 현상을 떠올리면 아기의 애착을 이해하기가 더 쉬울지도 모르겠네요. 각인이란 어린 동물이 생후 특정한 시기 동안 특정한 대상에 노출되고 나면 그 후로 계속해서 그 대상을 따르려 하는 현상을 뜻합니다.

그런데 각인에는 한 가지 특이한 점이 있답니다. 일단 생후 초기의 결정적 시기를 놓쳐버리면 각인이 일어나지 않는다는 사실입니다.

생애 초기의 애착이 중요한 또 다른 이유는 그것이 먼 훗날의 자산이 된다는 데 있습니다. 아기가 어머니와 맺는 애착 양상은 향후 성장했을 때 다른 사람들과 관계 맺는 방식의 원형이 됩니다. 어린 시절 양육자와의 관계에서 안전감이 없었던 이들은 성인이 된 후 배우자에게도 빈번히 불안을 느끼거나, 분노하거나, 자기 뜻대로 조종하려 들거나, 마음의 거리를 두고 대하기가 쉽습니다.

아빠: 앗, 초기 결정적 시기가 그렇게까지 중요한 것입니까? 저희는 산후조리원에 있는 동안 아기와 떨어져 잤는데 큰 잘못을 저지른 건가요? ㅠㅜ

볼 박사: 안심하세요. 사람은 거위가 아니니까요. 거위 같은 동물과

달리 사람의 애착은 수개월에 걸쳐 천천히 발달합니다. 인간의 경우 결정적인 시기는 생후 8~9개월경까지 지속된답니다. 하지만 만약 24개월 무렵이 될 때까지도 양육자와의 상호작용이 결핍된다면 훗날 타인과 관계 맺는 능력에 돌이킬 수 없는 장애가 생길 수 있습니다. 아무튼, 결론은 지금부터 잘 하시면 됩니다!

3

집으로

아기는 홀로 태어나는 것이 아니다.

아기가 태어남과 동시에
가족 모두는 새로 태어나야만 한다.

아기 주변을 맴돌던 이현실감은
시간이 감에 따라 점차 사라졌고...

나는 조리원과 집, 일터를 오가며 옛 일상 속에
새 일상을 맞이할 준비를 해야만 했다.

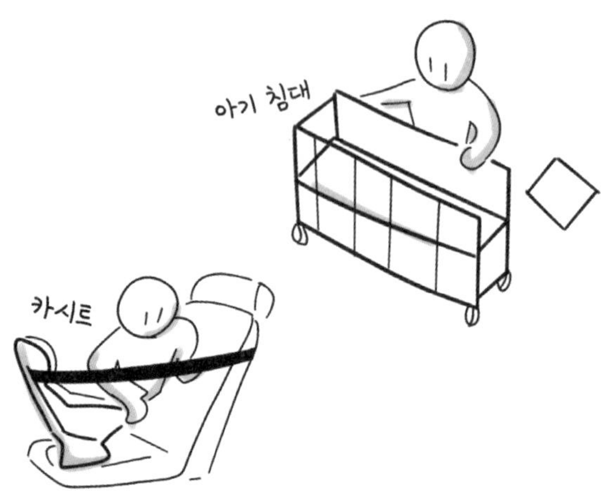

우리 셋은 모두 신경이 날카로워

그 어느 때보다도

집으로 돌아오는 길이 멀게 느껴졌다.

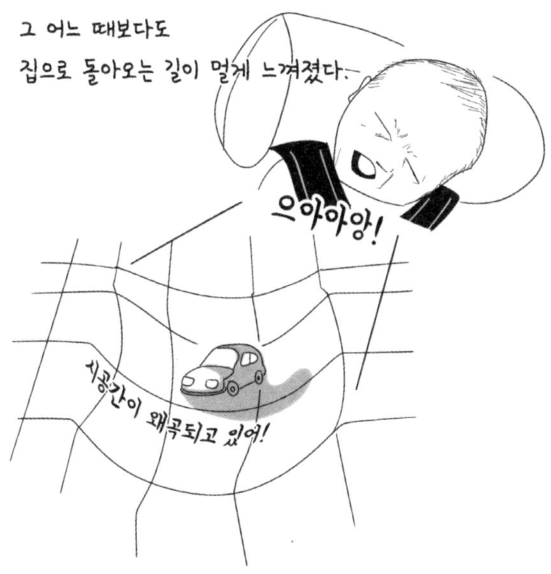

우여곡절 끝에 집에 들어왔을 때
아기는 새록새록 잠들어 있었고...

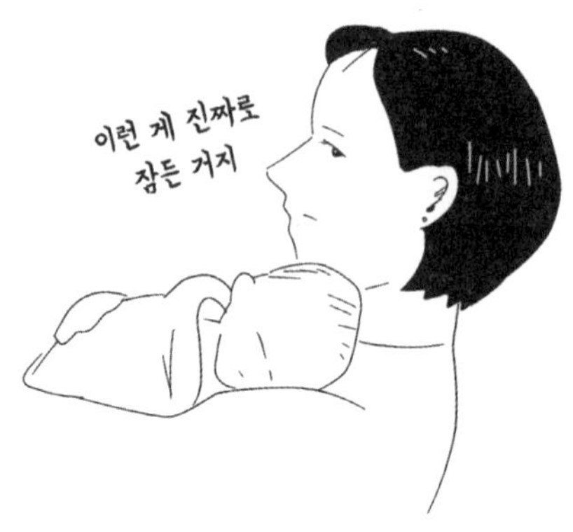

나는 한숨 돌리다 문득 선배 정신과 선생님이
해주신 이야기가 떠올랐다.

그러고 보면 갓 부모된 이들이
반드시 익혀야 할 임무가 몇 가지 있다.

첫째, 어떻게든 아기를 계속 살릴 것!

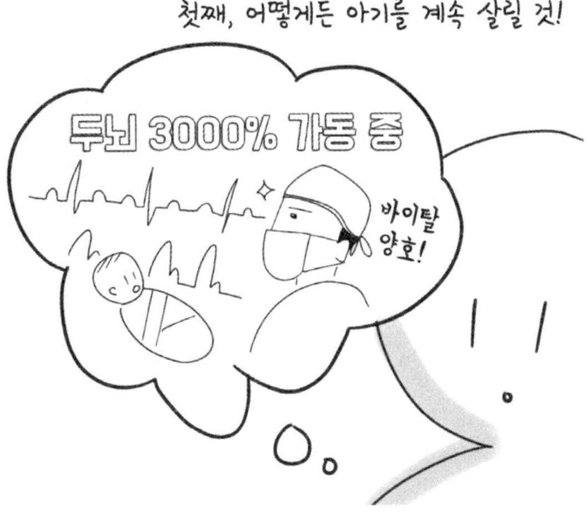

둘째, 바뀐 자신의 역할에 무사히 적응할 것!

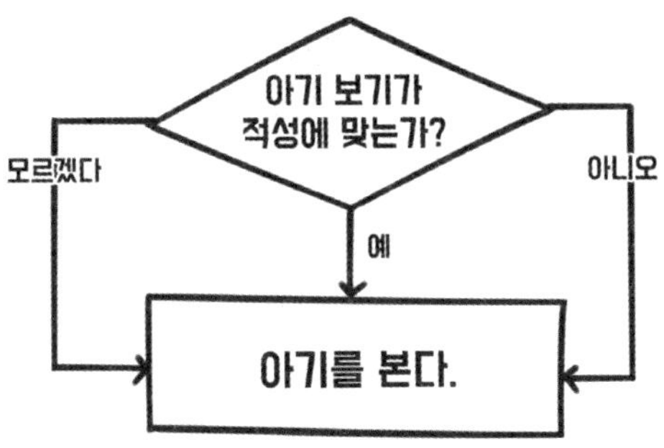

부모가 됨에 따라 잃어버리는 기회비용들로 인해
우리는 때때로 혼란스러워하고, 갈등하며,
산후 우울증에 빠지거나 우울증에서 헤어나오지 못하게
되는 것인지도 모른다.

아기가 집으로 온 첫날밤 나는 꿈을 꾸었다.

왠 낯선 남자가 아내와 함께 등장하는 꿈이었다.

아마도 복잡한 내 심경을 말해주는 것인듯싶었다.
(사실 내용은 좀 더 자극적이었다...)

맺음말

통과의례일 뿐입니다

아이를 키우고 계신 분이라면 누구라도 비슷한 느낌을 느낀 적이 있을 것입니다. 처음 아기를 집으로 데려오던 순간의 설렘과 긴장, 곧이어 뒤따르는 부담감 말입니다. 우리는 막 우리를 찾아온 주인공의 리듬이 낯설기만 합니다. 그리하여 지금 아기가 필요로 하는 것이 무엇인지, 무엇이 불편해서 울고 있는지 좀처럼 짐작하지 못할 때가 많습니다.

이유를 알려주지 않은 채 우는 갓난아기를 붙잡고 함께 울고 싶어졌다고 하소연하는 분들을 종종 봅니다. 하지만 '나만 이런 것인가?', '나는 좋은 부모의 자질을 갖지 못한 것일까?' 하며 너무 자책하지는 마십시오. 이는 누구나 겪는 통과의례입니다. 갓난아기가 세상을 처음 경험하는 것처럼, 우리 역시 아기를 처음 경험하니까요.

아기를 처음 돌보기 시작할 무렵 대부분의 초보 부모들은 아기의 안녕을 걱정하게 됩니다. 숨은 제대로 쉬고 있는지, 충분히 영

양을 공급하고는 있는지, 실내 온도를 아기에게 적당히 잘 맞춰 주고 있는지, 혹시 나의 부주의로 아기를 다치게 하지는 않을지 등등 무거운 동시에 사소한 걱정들이 머릿속에서 끊이지를 않습니다.

그러나 이는 내게 부족한 점이 있다는 뜻이 아닙니다. 오히려 내가 아기를 너무나 소중히 여기고 있다는 뜻에 가까울 것입니다. 영국의 소아과 의사이자 정신분석가인 도널드 위니컷Donald Winnicott은 어머니가 갓난아기의 일거수일투족에 눈을 떼지 않고 돌보는 상태를 '1차 모성 몰입Primary maternal preoccupation'이라 명명했습니다. 이는 아기가 뭔가 요구하고 불편한 기색을 보일 때 어머니가 그 기색을 마치 자기의 경험인 양 느끼며 반응하는 것을 의미합니다.

그는 1차 모성 몰입을 "어머니와 아기가 정신적으로 둘인 동시에 하나가 되는 상태"에 있다고 표현했습니다. 결국 집착에 가까울 만큼 새로 태어난 아기를 보살피는 행동은 지극히 당연하고 보편적인 모습인 것입니다. (전통적인 육아에서 평등주의적 육아로 점차 변모해가고 있는 최근의 트렌드에 비춰보면 '모성' 몰입을 '부모성' 몰입이라고 치환해도 큰 무리는 없을듯합니다.)

한편 부모가 된다는 일생의 큰 사건이 온통 감격과 감동만을 주는 것은 아닙니다. 변화에 적응하는 일은 언제나 피치 못할 부담을 수반합니다. 특히나 자신을 도와줄 가족들이나 사회적 지원이 부족할 경우에는 더더욱 그렇습니다.

우리는 부모가 됨으로 인해 이전과는 다른 새로운 삶에 적응해야 합니다. 아기의 요구에 민감하게 부응해야 하며, 아기를 지켜줄 안전한 울타리가 되어야 합니다. 휴일에 아무런 제약 없이 친구를 만난다던가, 마음껏 자신만의 시간을 가진다던가 하는 예전의 일상은 더 이상 상상할 수 없게 됩니다.

또한 나를 고뇌하게 만드는 여러 감정들과도 맞닥뜨려야 합니다. 여러 가지 기회들, 이를테면 좋은 직장이나 학업, 심지어 가장 기본적인 욕구인 정시 식사나 수면조차도 포기해야만 할 때 느껴지는 좌절과 갈등, 그리고 그에 파생되는 죄책감과도 마주해야만 합니다.

출산 후 10~20%가량의 어머니는 산후 우울증을 겪습니다. 아울러 간과하기 쉽지만 아버지의 산후 우울증 사례 역시 존재합니다. 한 메타 분석 연구를 인용하자면 열 명당 한 명꼴의 아버지가 우울증을 앓는다고 합니다. 호르몬의 변화, 아기 돌봄으로 인한 수면 박탈 등과 더불어 역할의 변화로 인한 스트레스 역시 산후 우울증을 일으키거나 악화시키는 데 기여하는 요인이 아닐까 싶습니다.

혹여 출산 이후의 감정적 고통이 감당할 수 없을 정도라면 전문가에게 도움을 요청해야 합니다. 부모의 괴로움은 아기들에게도 큰 영향을 끼칠 수 있으며, 힘들어하는 부모에게 성장한 아동들은 향후 우울, 불안 등의 문제를 호소하기 쉽습니다.

정신건강의학과에서는 여러 가지 방법으로 산후 우울증에서 벗어나게끔 도움을 줍니다. 특히나 역할 갈등을 다루는 데 특화된 대인관계 정신치료Interpersonal Psychotherapy는 비교적 시간이 적게 들면서도 충분히 효과가 입증된 면담치료 기법으로, 산후 우울증을 겪는 이들을 돕는 데 큰 역할을 하고 있습니다.

4

첫 한 달

아기가 우리에게 온 첫 한 달의 기억을
되짚어보자면...

우리 집 아기 스페셜리스트

'자고 울고 먹고 자고 싸고 울고 자고'만
무한 반복하는 것 같더라고요.

마치 인턴 생활을 다시 시작하는 기분이었다.

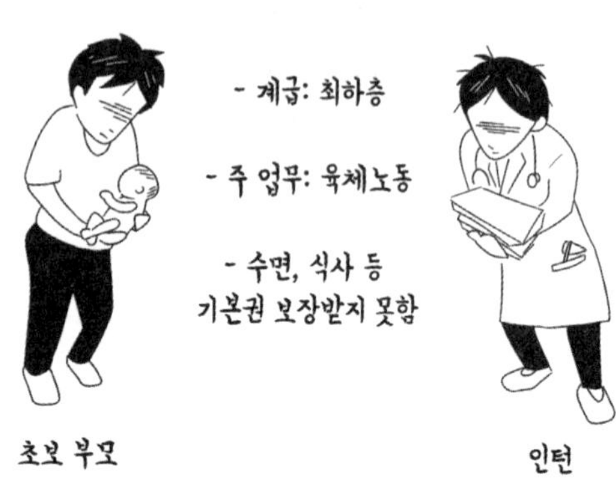

아기는 아빠, 엄마의 사정을 봐주는 법이 없었다.

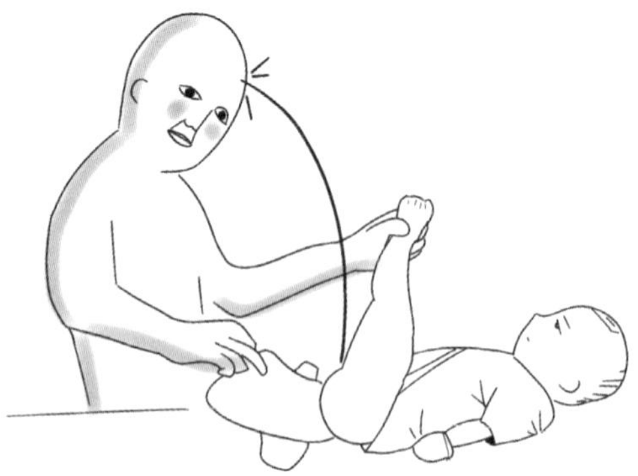

정신분석가 도널드 위니컷은 이런 최초의 관계를 '무자비한 관계', 더 정확히는 '자비 이전의 관계'라고 표현한 바 있다.

한번 배가 고프기 시작하면, 모유를 데우는
잠깐의 시간도 참을 수가 없었고...

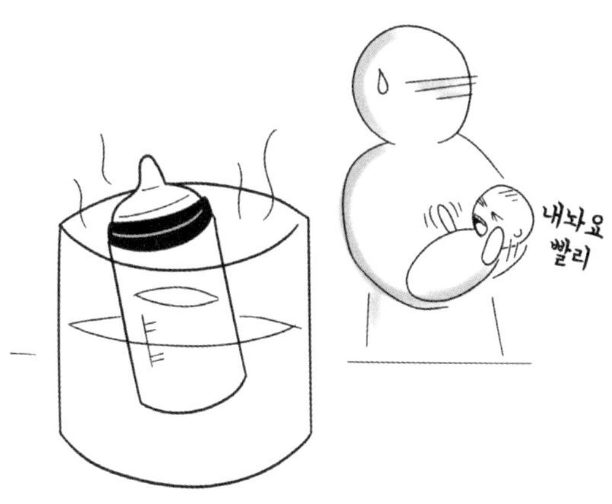

때가 조금 늦어버리면
스스로가 흥분에 압도되어
먹는 것조차 잊어버리는 듯했다.

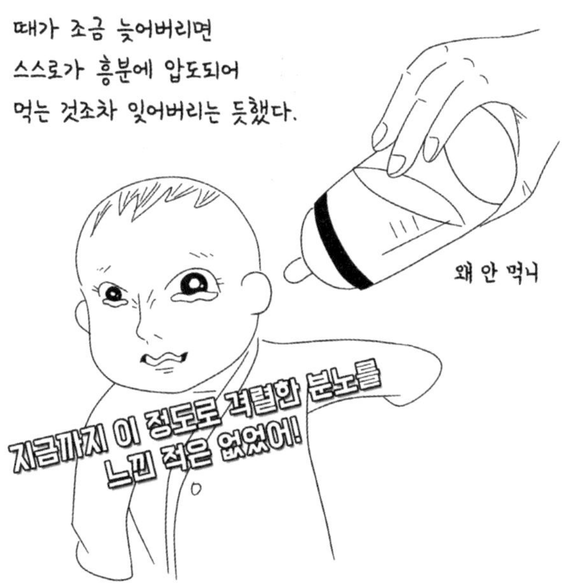

시간과 장소를 불문하고 본인이 필요한 순간만이 전부였다.

언제가 새벽의 소란에 눈을 떴을 때,

퀭한 표정의 아내와 막 새벽 식사를 시작해 평정심을 되찾아가는 아기의 모습은 너무나도 대조적으로 보였다.

좀 궁금했다.
갓난아기의 얼굴에서 불만을 호소하는 표정은
너무도 쉽게 읽히는 반면, 여타의 행복한 표정은
그다지도 찾아보기가 힘든 것일까?

그럴듯한 설명을
나는 프로이트의 글에서
찾을 수 있었다.

여러 가지 신체적 욕구는 더 이상 저절로 충족되지
않는다. 배고픔의 불쾌감 등이 갑작스러운 고통의
형태로 주기적으로 찾아올 뿐...

이런 원치 않는 자극들에 대한
첫 번째 반응은 증오이다.
그리하여 프로이트는
증오가 사랑보다 오래된 것이라 생각했다.

이를 해소시키고 욕구를 충족시키는
역할을 맡은 이가 바로 부모이다.
결국 부모는 불쾌감으로부터 좋은 느낌과 안도감을
주는 원천이 된다.

아기의 요구에 양육자가 잘 반응해준다면
아기는 앞으로 일어날 일들을 점차 예측할 수 있게 된다.

그리고 이러한 경험은 아기의 머릿속에 각인된다.
타인을 사랑할 수 있는 최초의 모델이 만들어지는 것이다.

이 시기를 지나는 부모는 그저 견딜 수밖에 없다.

갈망과 불만족, 노여움과 짜증 같은
원초적인 감정이 한데 뒤섞인 반응에 맞춰주다 보면
머지않아 마법 같은 일이 찾아올 테니까…

맺음말

아기와 부모의 (믿음의) 연결고리

아직 엄마의 뱃속에 있을 무렵, 아기는 아무것도 하지 않아도 괜찮았습니다. 필요한 영양분과 적당한 온도, 편안한 환경이 저절로 제공되었거든요. 그저 가만히 있어도 모든 것이 해결되던 시절이었습니다. 하지만 태어나고 나면 아기의 처지는 사뭇 달라집니다. 엄마와 연결해주던 탯줄이 끊기고 나면 아기의 내적 욕구, 즉 공복의 불쾌감과 같은 각종 신체적 욕구는 더 이상 저절로 충족되지 않습니다. 그리하여 아기는 생애 처음으로 불쾌한 느낌과 맞닥뜨리게 됩니다.

아동 발달을 연구했던 헝가리 출신 의사 마가렛 말러Margaret S. Mahler는 아기의 첫 한 달을 '정상적 자폐 단계'라고 명명하였습니다. 이 시기의 아기는 주로 자신 안에서 올라오는 배고픔과 같은 긴장에 반응하여 잠을 깨고 울음을 터뜨리는듯 보입니다. 아기의 관심사는 아직 외부의 세상이 아니라 내부의 생리적 욕구에 있는듯합니다. 도널드 위니컷이 최초의 관계를 "자비 이전의 관계"라고 표현한 것도 비슷한 이유에서입니다. 자비라는 개념이 만들어지기 위해서는 우선 외부 대상에 대한 관심이 생겨나야 하거든요.

이제 아기의 욕구에 적절히 반응하고 불쾌감을 해결해주는 역할은 고스란히 부모의 몫입니다. 배고픔에 울면 젖을 주고, 기저귀가 축축하면 갈아줍니다. 이런 일은 하루에도 몇 번씩 반복됩니다. 그리하여 아기는 점차 깨달아갑니다. 자신이 배가 고플 때 엄마 아빠가 어떤 행동을 할지 희미한 믿음이 생겨나기 시작하는 것이죠.

젖을 빠는 동안 강렬한 허기짐이 조금 누그러지면 아기는 드디어 세상을 탐색할 여유가 생깁니다. 자신에게 젖을 물리고 있는 사람의 윤곽이 눈에 들어옵니다. 그리고 기분 좋은 포만감(내적 감각)과 자신을 편안하게 만들어준 사람(외적 대상) 사이에 연결고리가 생겨날 것입니다.

이러한 연결고리는 비단 포만감뿐만이 아니라 갖가지 방식으로 내적 안도감을 주는 대상과 상호작용하며 만들어질 것입니다. 그리하여 한 번 머릿속에 각인된 관계의 틀은 평생토록 마음에 남아 앞으로 성장해나가며 만나게 될 다른 사랑하는 이들과 교류할 때도 쓰이는 일종의 원형으로 작용하겠지요.

이 시기를 지나는 부모님들은 힘들어도 묵묵히 견디는 수밖에 없습니다. 우리는 지금 아기에게 타인을 사랑하는 법을 가르치는 위대한 과정 중에 있으니까요. 이 시기를 견디고 나면 아기는 곧 조그마한 기적을 선사할 것입니다.

5

자라나고 있어요

어느 날 아침 눈을 떠보니 기적이 일어났다.
먼저 깬 아기가 날 기다렸다는 듯 방긋 웃고 있었다.

이 광경에 녹아내리지 않을 부모가 있을까?
나는 가슴이 약간 벅차올랐다.

주) 이 시기의 미소는 사람의 목소리나 얼굴에 의해 주로 유발되나 특정 인물에 선호도를 보이지는 않는다.

아기는 지금 막 <사회적 미소>라고 알려진,
사람들과의 관계를 좀 더 윤택하게 이끌어줄
기본 형태의 기술을 익힌 것이었다.

아기는 쉼 없이 뭔가를 해나가고 있었다.
어떨 때는 자기 손을 뚫어지게 살펴보기도 하고...

또 어떨 때는 공갈젖꼭지를 입에 넣어보겠다며
서툰 동작을 반복하기도 했다.

우리는 너무나도 당연하게 여기는 것.
내 몸이 내 몸이라는 개념을 (즉, 자아의 개념을)
아기는 부단히 만들어가고 있었다.

목을 가눌 때도 비슷한 과정을 거쳤다.
아기는 홀로, 전력을 다해, 실패에도 아랑곳하지 않고
묵묵히 머리를 드는 연습을 했다.
누가 시킨 것도 아닌데 말이다.

그러자 얼마 후 아기는 고개를 치켜들 수 있게 되었다.

미국의 정신과 의사 '밀튼 에릭슨'은
난관에 부딪혀 고통스러워하고 있는 이들에게
생애 초기의 경험을 떠올리게끔 암시를 했다고 한다.

Milton H. Erickson (1901-1980):
에릭소니언 최면 요법의 창시자. 최면과 이야기로 환자를 치료했다.

기고, 걷고, 말하기까지 우리는 얼마나 많은
시행착오를 겪었던가.
그러나 결국에는 보기 좋게
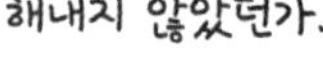
해내지 않았던가.

나이가 들어가며 적당한 선에서 멈춰서거나
포기하는 일이 잦아졌을 뿐...

하루하루가 낯선 도전으로 가득할 아기는
나를 되돌아보게 만들었다.

진실로 '아이는 어른의 아버지' 였다.

분량이 적어
억지로 갖다붙인
특별 부록

"몸의 경계를 잃어버린 사람들"

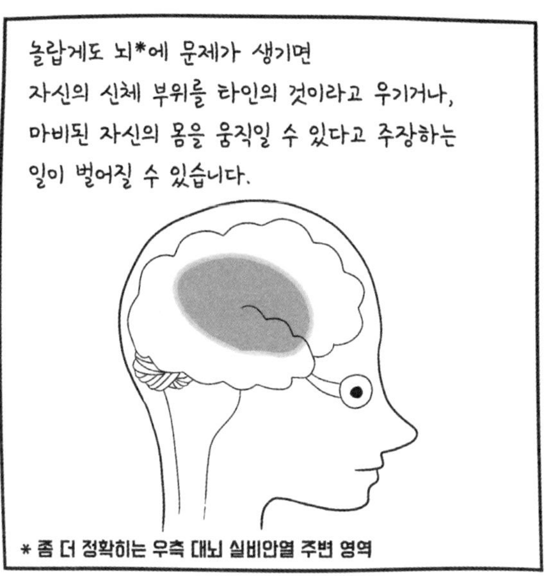
놀랍게도 뇌*에 문제가 생기면
자신의 신체 부위를 타인의 것이라고 우기거나,
마비된 자신의 몸을 움직일 수 있다고 주장하는
일이 벌어질 수 있습니다.
* 좀 더 정확히는 우측 대뇌 실비안열 주변 영역

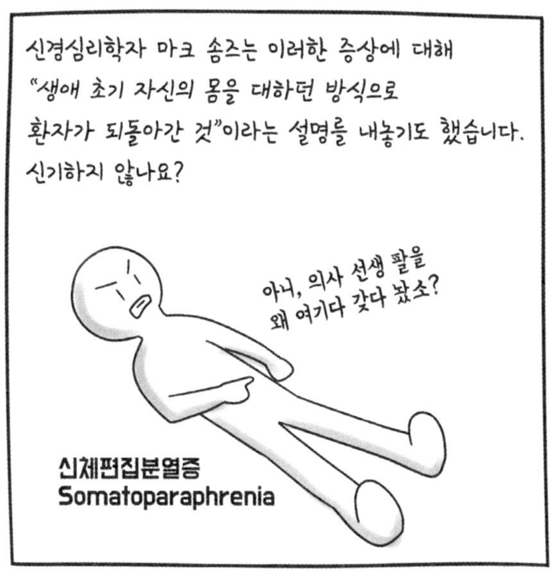
신경심리학자 마크 솜즈는 이러한 증상에 대해
"생애 초기 자신의 몸을 대하던 방식으로
환자가 되돌아간 것"이라는 설명를 내놓기도 했습니다.
신기하지 않나요?
아니, 의사 선생 팔을
왜 여기다 갖다 놨소?
신체편집분열증
Somatoparaphrenia

맺음말

아기의 사전에 포기는 없다

태어난 지 한 달이 지난 후 수개월 동안 아기는 굉장한 도약의 시기를 지납니다. 이때부터는 사람의 얼굴을 보면 방긋 웃기 시작합니다. 이른바 '사회적 미소'가 나타나는 것이지요. 아마도 아기는 특별히 사람의 얼굴에 반응하게끔 타고난 듯 보입니다. (대강 종이에 그린 얼굴 그림에도 아기는 미소를 짓는답니다.)

이 능력은 부모로 하여금 아기가 자신을 사랑하고 있다고 '믿게' 만듭니다. 그리하여 생애 처음으로 맺은 인간관계는 점차 더 특별해지고 깊어져 갑니다.

이 시기 아기는 몸을 통해 우연히 새로운 경험을 하고, 그것을 반복하려고 시도합니다. 예를 들어 손을 관찰하고서는 입으로 가져가보려 합니다. 처음에는 서툰 몸짓으로 인해 손을 입에 제대로 넣을 수가 없습니다. 그러나 수많은 실패를 거듭하고 나면 드디어 아기는 조직화된 동작을 만들어내고 손가락을 빨 수 있는 경지에 올라섭니다. 심리학자 장 피아제Jean Piaget는 이런 과정을 '1차 순환 반응'이라고 불렀습니다.

자아의 핵심이 만들어지는 것도 이 시기 즈음이 아닐까 싶습니다. 아기는 점차로 자신과 외부 세계가 구분되어 있음을 깨달아 갈 것입니다. 예를 들어 팔을 움직일 때 우리는 세 가지 요소를 참조합니다. ① 움직여야겠다는 마음(즉, 의지), ② 움직이는 동안 팔에서 되돌아오는 감각, 그리고 ③ 그 움직임을 보는 것이지요. 이 셋이 일치할 때 '아, 내가 내 팔을 움직이고 있구나' 하고 느끼게 됩니다.

만약 의지는 있으나 감각이나 움직임이 없다면 점차 아기는 '내 팔이 아닌 다른 사람의 팔이라 어찌할 수가 없구나' 하고 알아차리게 될 것입니다. 혹은 감각이나 움직임은 있으나 내 의지가 아니었다면 '내 팔을 움직인 것은 다른 사람이구나' 하고 깨달을 것입니다. 중요한 점은 이런 구분이 만들어지기까지 수많은 경험이 필요하다는 것입니다.

실제로 자신의 몸을 자기 것이 아니라고 주장하거나(신체편집분열증Somatoparaphrenia), 마비된 자신의 왼쪽 몸을 움직일 수 있다고 우기는 증상(질병인식불능증Anosognosia)들이 존재합니다. 이는 우반구 증후군이라는 다소 느슨한 명칭하에 묶여 있는, 신경학의 난제 가운데 하나입니다. 신경심리학자이자 정신분석가인 마크 솜즈Mark Solms는 "외부 세계와 맺는 관계가 대상애 수준에서 자기애 수준으로 퇴행하기에 벌어지는 일"이라는 설명을 내어놓았습니다.

아무튼 난해하지만, 확실한 것 한 가지는 신체의 범위를 인지하는 능력이 간단히 주어지지는 않는다는 사실입니다.

마지막으로 미국의 정신과 의사 밀턴 에릭슨의 이야기를 해볼까 합니다. 그는 17세경 소아마비 바이러스에 감염되어 온몸이 마비되었습니다. 모두가 죽는다고 생각했지만 그는 살아남았고, 병상에 누워서 아기 여동생이 걸음마를 익히는 모습을 찬찬히 관찰했습니다. 동생은 몇 발짝 걷다 넘어지고 다시 일어서기를 반복하더니 결국 능숙하게 걷게 되었습니다.

여기서 뭔가를 깨달은 그는 초인적인 의지로 스스로 움직이는 연습을 시작합니다. 근육들이 이미 기억하고 있던 바를 찬찬히 되살려 나가자 그는 결국 다시 말을 하고, 팔을 움직이고, (지팡이에 의지해) 걸을 수 있게 되었답니다.

우리 모두는 발달 과제들을 무리 없이 이룩해온 사람들입니다. 이미 불가능에 가까운 일들을 성공시킨 경험이 있기에, 예컨대 외국어를 배우는 일이나 레이업 슛을 넣는 일, 다이어트를 하는 일, 그밖에 어려운 일들 역시 충분히 해나갈 수 있을 것입니다. 갖은 시행착오에도 포기하지 않았던 개인적 도전의 역사를 다시 떠올려낼 수만 있다면 말입니다.

6

아기가 손을 탈까?

아기는 운다. 곧잘 운다.

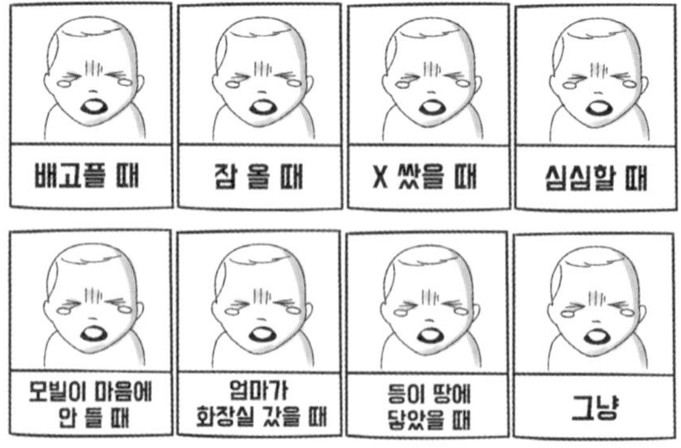

아기의 다양한 표정.jpg

이때 주목할 점은,
안아주면 쉽게 안정을 찾는다는 것이다.

양가 어른들은 "아기가 손을 타게 된다"며
울어도 너무 쉽게 안아주지는 말라고 하셨다.

여기 두 가지 육아법이 있어.

하지만 탄탄한 지식과 얄팍한 고집으로
우리는 안아주기를 아끼지 않기로 정했다.

그리하여 고난이 찾아왔다.
알 수 없는 이유로 아기가 예민해지는 날이면...

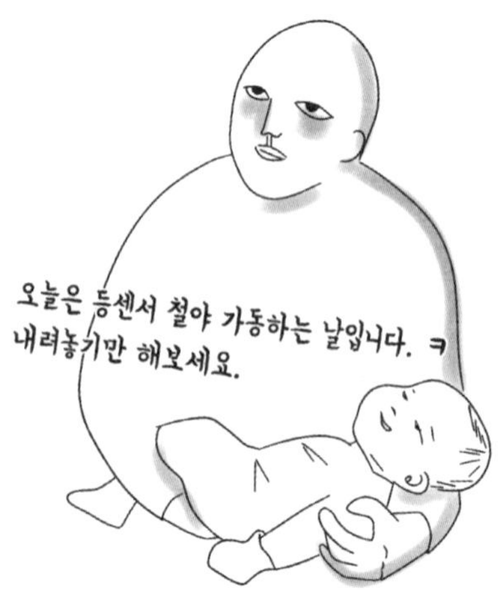

새벽을 지새우고 녹초로 출근하기도 했다.

하지만 나는 내가 옳았다고 믿는다.

안아줄수록 아기는 헛울음으로 부모를 조종하려 들 것이라 어른들은 염려하지만 실제 그런 일은 벌어지지 않는다.

정교한 사고에 필요한 전두엽 글루타메이트 체계가
1세 이하에서는 아직 성숙하지 않은 상태이기 때문이다.

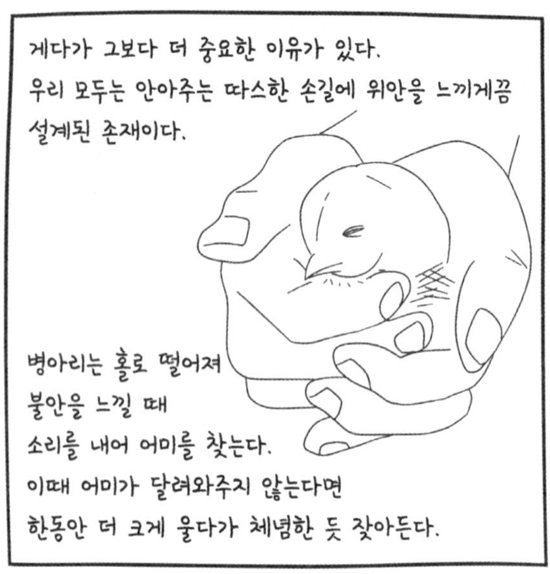

인간에게도 똑같은 일이 벌어진다.
엄마와 떨어진 아기는 우선 울며 소리 지른다.
그럼에도 불구하고 기다리던 반응이 돌아오지 않으면
희망을 잃고, 종국에는 정서적으로 분리된다.

존 볼비는
생애 초기 이 같은 심리적 상실을 크게 겪을 경우,
훗날 우울증이나 만성적인 불안에 시달릴 수 있다는
사실을 발견했다.

실제로 인간이 슬픔을 느낄 때 관여하는
해부학적 구조는 포유류나 조류가 어미와 떨어질 때
울음을 울게끔 매개하는 체계와 대단히 유사하다.

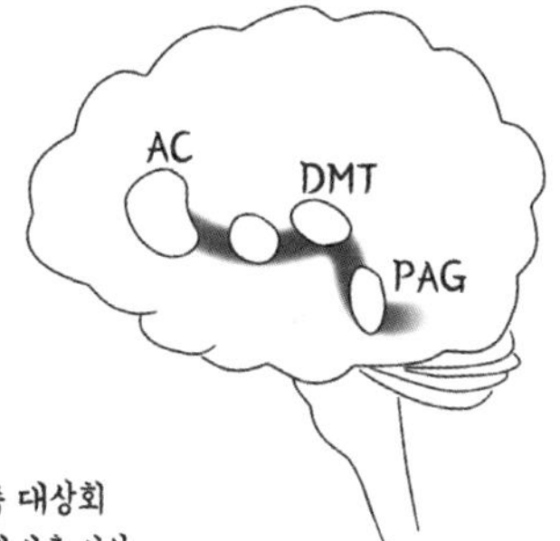

AC: 전측 대상회
DMT: 배내측 시상
PAG: 중뇌수도관 주위 회색질

아기가 우는 동안 뇌에서는 어떤 일이 벌어질까?
스트레스 호르몬이 퍼져나가고 교감신경이 항진된다.
이런 상황이 거듭된다면 민감한 아기 뇌의 배선이
영원히 바뀌어버릴지도 모른다.

하지만 안아준다면?
내인성 오피오이드와 옥시토신이 분비되어 아기는
쉽게 진정이 된다. 이는 부분적으로 중독 과정이다.
점차로 아기와 부모는 서로에게 빠져드는 것이다.

듬뿍 안아주며 2년이 지난 지금,
우리집 아기는 비교적 해맑게 자라고 있는 것 같다.

단지 안기기를 좀 (지나치게) 좋아하는 것 같기는
하지만 말이다.

맺음말

(만 1세까지는) 울면 안 돼

갓난아기는 울 수밖에 없습니다. 4화에서 봤듯 불쾌한 신체적 감각이나 감정을 아직 스스로는 처리할 수가 없기 때문입니다. (당연한 이야기이겠지만) 갓난아기의 울음은 "나 힘들어요. 도와주세요"라는 메시지를 담고 있습니다.

성장해나감에 따라 울음의 빈도는 조금씩 줄어들지도 모릅니다. 하지만 여전히 자신을 달래기 위해 할 수 있는 일은 많지 않습니다. 더욱이 분리불안과 같은 다른 감정들도 생겨나기 시작해 상황은 더 복잡해집니다.

이제 아기는 부모가 눈앞에서 사라지면 쉬 울음을 터뜨립니다. 보호자가 장시간 돌아오지 않을 때는 통곡을 하며 공황 상태에 빠져듭니다. 이때의 울음은 양육자와 다시 접촉하기 위한 수단이기도 합니다.

신경과학자 야크 판크세프Jaak Panksepp은 '태어날 때부터 뇌 속에 존재하는 회로(공황/슬픔 체계)' 때문에 이러한 반응이 자동적으로 생겨난다고 주장하였습니다. 아이가 부모와 떨어질 때

도움을 청하며 우는 행동은 선천적으로 타고난 그 회로가 활성화되기 때문이며, 그 결과 경악스러운 감정적 동요 상태가 일어난다고 설명한 것이지요. 아울러 그 회로는 성인의 공황장애나 우울장애와도 밀접한 연관을 가지고 있다고 합니다. (성인 공황장애 환자의 공황 발작은 뇌 속 공황/슬픔 체계의 갑작스러운 활성화에 기인한 것으로 생각해볼 수 있답니다.)

공황장애로 고통받는 환자에게 공황 발작을 겪었던 경험을 회상해보라고 하면 대부분 "일상의 안정감이 갑작스레 사라지고 절멸의 공포가 밀려왔다"는 식으로 표현합니다. 어쩌면 분리불안을 느끼는 아기들의 심리 상태 역시 이와 비슷할지 모릅니다. 말 못하는 아기들은 감정적 폭풍우의 한가운데에 놓여 있는 것입니다.

존 볼비와 같은 선구자들은 그런 경험이 반복될 경우 훗날 정신건강에 나쁜 결과를 초래한다는 사실을 밝혀냈습니다. 그들이

밝혀낸 바에 따르면 양육자와 떨어지게 된 아이는 급성의 저항기를 거쳐 시간이 지남에 따라 절망에 빠졌다가 결국 정서적으로 분리된다고 합니다. 이들은 어른이 된 후에도 우울, 불안 등의 감정적인 장애에 시달리기 쉽습니다.

그런 까닭에 미숙한 아기를 울게 내버려두면 안 되는 것입니다. 도움받지 못한 상태로 장시간 방치되는 일이 많았던 아이는 과민해져버린 스트레스 반응 체계를 가진 채로 이후의 삶을 살아가게 될지도 모릅니다.

혹시 "울 때마다 안아준다면, 아기가 나약해지지 않을까요?"와 같은 질문이 하고 싶을지도 모르겠습니다. 하지만 '적당한 스트레스에 견디는 연습'은 더 훗날에 시도해볼 과제입니다. 아기는 아직 준비가 되지 않았습니다. 게다가 양육자가 방치하는 데서 생기는 스트레스는 '적당한' 스트레스라 할 수조차도 없습니다.

언젠가 모 교수님께 가족치료를 배웠던 적이 있습니다. 그때 알게 된 지침 한 가지는 지금도 머릿속에 깊은 인상으로 남아 있습니다.

"만 1세까지는 아기가 원하는 모든 것을 (할 수 있으면, 허용 가능한 일이라면) 해주십시오."

만 1세 이전의 아기는 누구를 조종하거나 속일 정도로 인지가 발달하지 않았습니다. 아기가 원한다고 표현하는 것은 아기가 정말로 원하는 것일 따름입니다.

프리퀄 _ 제국군의 멸망

6개월~
아기가 나름 기동력을 장착하기 시작하면...

바야흐로 집 안은 전쟁터가 된다.

지금까지의 발달 과정이 비교적 순탄했다면,
이제 아기는 세상을 향해 왕성한 호기심을 드러낼 것이다.

거침없이… 그리고 쉴 새 없이…

두둥!

육아 위즈

깨어난 아기

두둥!

지금 만화를 그리는 순간에도 아기가 난입했다.
과연 패드와 펜을 지켜낼 수 있을까...
두근두근... 심박이 올라가는 게 느껴진다.

휴... 이번에는 그냥 나가는 것 같다. 다행이다.

육아 전쟁

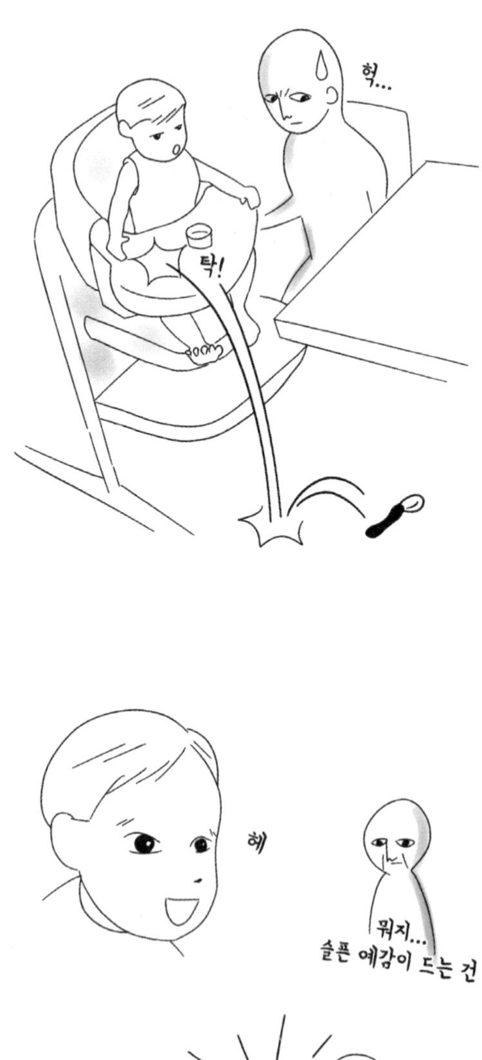
헉...
탁!
헤
뭐지...
슬픈 예감이 드는 건

자...

데헷!

순간 아기는 숟가락 자유낙하 실험을 하기 시작했다.
피사의 사탑에 올라 쇠공을 떨어뜨렸던 갈릴레오처럼...

실험은 끝날 줄을 몰랐다.

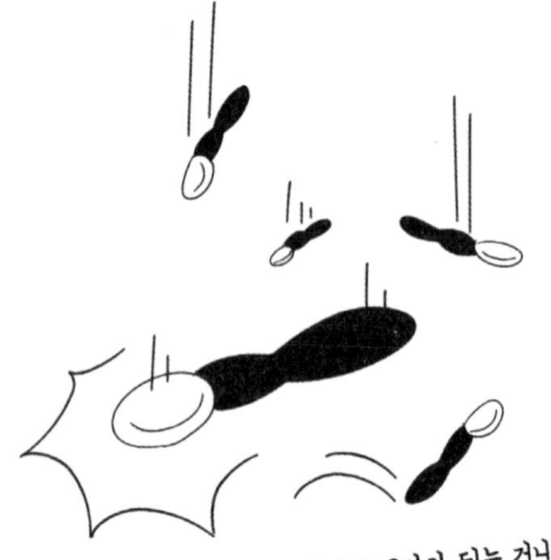

도대체 데이터를 얼만큼 모아야 되는 거니!

인내심이 거의 바닥날 무렵…

장 피아제:
스위스의 발달심리학자, 1896-1980

아기는 과학자야.
자신이 사물에 영향력을
행사했을 때
일어나는 변화를 즐기거든.
이때 뭔가 해냈다는
자신감도 함께 느낄 걸세.

반복되는 사건을 관찰하면서
사물의 인과관계를
배우기도 하겠지.

자네가 처음 지구에
도착했다고 상상해 봐.
숟가락을 던지면
아래로 떨어질지,
위로 올라갈지
어찌 알겠나.

귀찮아서 다 읽지는 않았습니다.
그건 그렇고 혹시 팰퍼틴 의장 아니십니까?

아기가 세상에 관심을 두기 시작했다는 것은 축하할만한 일이야. 그건 양육자들이 충분히 사랑을 주었다는 증거이거든.

내적인 결핍이 해결되지 않은 아기들은 절대 외부 세계로 시선을 돌리지 않는 법.

마음속에 부모가 든든한 안전기지로 심어져 있어야 꼬마 과학자는 위험을 감수하고서 세상을 탐험할 수 있는 거라네.

혹여 놀라는 일이 있어도 안전한 부모 품으로 돌아오면 되니까.

그런 이유로 나는 또 숟가락을 주워 준다.

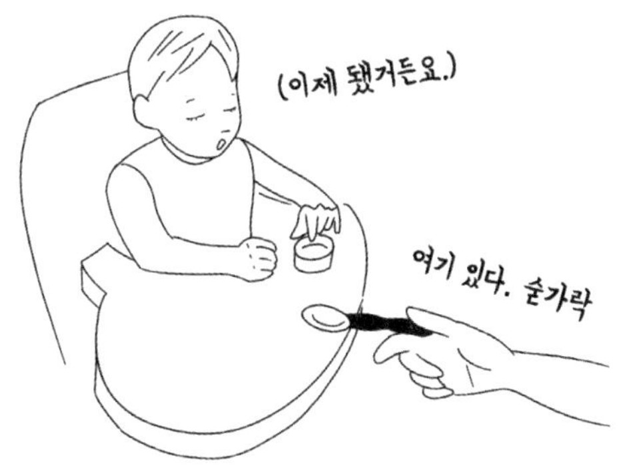

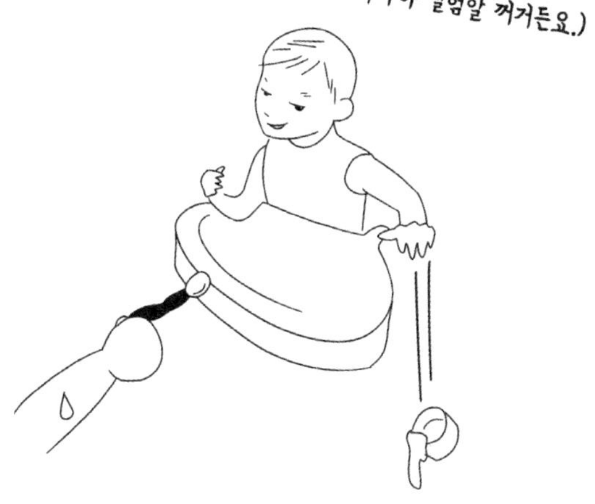

여러분,
2차 순환 반응이 이렇게 무서운 겁니다.

<보너스 컷>
아들이 난입해서 펜을 빼앗아 들고
실제로 그린 그림입니다.

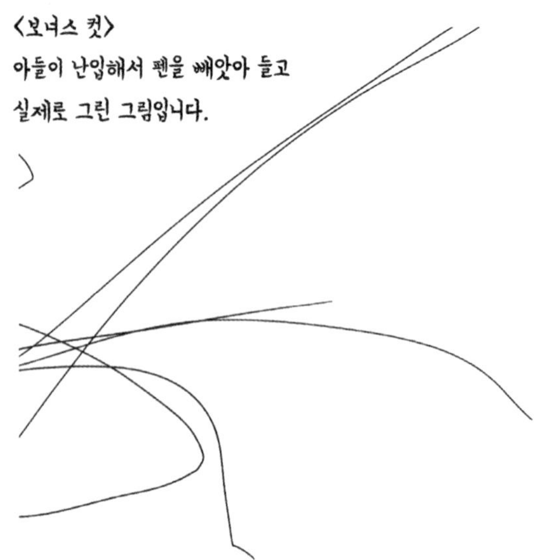

육아 Q&A ③

장 피아제 선생님과의 (가상) 인터뷰

피 선생: ㅋㅋㅋ

아빠: 왜 웃으시죠;;;

피 선생: '2차 순환 반응' 때문에 고생이 많네 그려.

아빠: ㅠㅠ 아 그거 좀 안 하고 지나갈 수는 없나요?

피 선생: 어쩔 수 없는 일이니 그냥 받아들이게나. 아기의 인지 기능이 정상적으로 발달하려면 반드시 거쳐야 하는 과정이니깐 말이야. 즐겁게 응해주는 게 좋을 걸세.

아빠: 나… 참… 도대체 2차 순환 반응이라는 게 뭡니까? 하도 시달리다 보니 명칭부터 무시무시해 보이네요. 좀 자세히 설명해 주실 수 있나요?

피 선생: 거창해 보이지만 그다지 특별한 것은 아니라네. 아기가 몸을 이용해 우연히 외부 환경으로부터 재미난 변화를 만들어내게 되면 그걸 계속해서 경험하려고 들거든. 그게 바로 '2차 순환 반응'이야. 나는 내 딸 루시안느를 통해 그 현상을 처음으로 발견했지.

딸아이가 아직 유모차에 누워 있을 때였지. 아기가 우연히 다리를 움직였는데 인형이 걸려 흔들렸어. 딴에는 그 모습이 재미있었나 봐. 그걸 보고 나서는 계속해서 인형을 차려고 애를 쓰더라고. 용케 인형을 차면 인형이 흔들리고, 그러면 까르르 웃고, 다시 또 인형을 차고… 그러기를 몇날 며칠을 반복했어. 지칠 줄도 모르는 듯 보였다네.

그건 마치 재미있는 광경을 지속시키고자 하는 것처럼 보였어. 그맘때쯤의 아기는 아마도 어떤 사건을 반복적으로 이끌어낼 수 있는 자신의 힘을 즐기고 있는 것 같아.

아빠: 일종의 재미있는 놀이네요.

피 선생: 그런 셈이지. 아기는 놀이를 통해 세상을 배워나간다네. 그러니 자네가 수고스럽더라도 숟가락을 주워준 것은 잘한 일이야.

아빠: 데헷. 감사합니다.

피 선생: 그런데 그건 그렇고… 만화를 아주 뭉뚱그려 그려놓았더구만. 아기가 본격적으로 외부 세계를 탐색하는 일, 그리고 놀란 마음에 부모 품으로 돌아왔다가 다시 모험을 떠나는 일은 2차 순환 반응이 나타난 지 몇 개월이 더 흐른 뒤에야 일어나는 일이야. 게다가 그 이야기는 마가렛 말러 선생이 한 것이지, 내가 한 이야기가 아니라고!

아빠: 뭐… 아무튼;;; 불리하니 그만합시다. 마지막으로 못다 한 말씀이 있다면 한 말씀만 더 해주시렵니까?

피 선생: '3차 순환 반응'이 아직 남았네ㅋㅋㅋ 점점 더 다양한 물건을 던지며 실험을 수행할 테니 마음의 준비를 해두는 게 좋을 걸세.

아빠: 헉ㅠㅠ

8

눈에 넣어도 안 아픈

서둘러 로션을 바르는데...

그만 눈에 들어갔나 보다.
서럽게 우는 아기.

정신없이 닦아내고, 아기도 나도 진정되자...

얼마나 아팠을까 살짝 내 눈에 넣어본다.

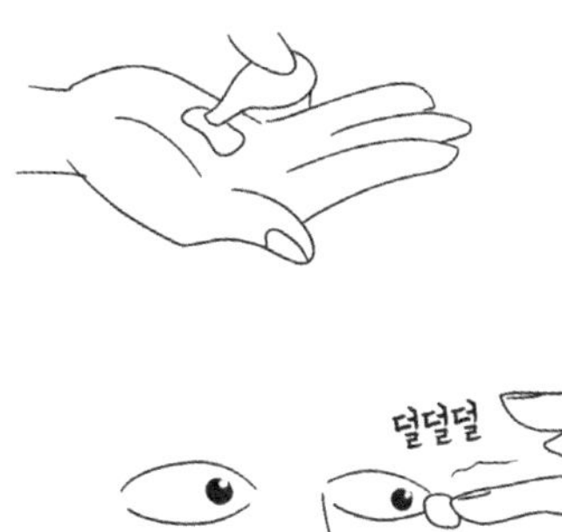

역시 아프다.
"눈에 넣어도 안 아픈 내 새끼"란 말은 순 거짓말이었다.

여러모로 복잡한 눈물이 찔끔 흘렀다.

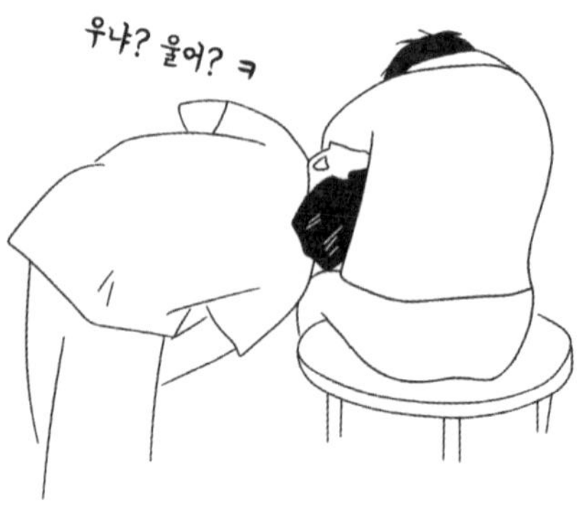

맺음말

부모는 언제나 걱정 중

'아기가 다치지는 않을까?', '아기를 다치게 하지는 않을까?' 하는 염려는 부모라면 누구나 겪는 통과의례가 아닐까 싶습니다. 혹여 아기가 조금 아프기라도 하면 그게 자신의 잘못인 양 자책하는 일도 부모 된 이의 숙명인듯합니다.

어쩌면 이 같은 염려와 자책은 아기가 커 성년이 된 이후에도 불쑥불쑥, 혹은 영원히 찾아오는 불청객일지도 모르겠습니다. (의대생 시절 저는 폐렴에 걸린 적이 있었는데, 당시 어머니는 당신의 탓이 아닌가 염려하셨습니다. 제 생각에는 전날의 폭음 때문에 생긴 흡인성 폐렴이 분명했는 데도 말이죠.)

예전의 많은 전문가들은 이러한 염려가 '아기를 향한 부모의 무의식적 부정적인 감정' 때문에 생겨난다고 여겼습니다. 사랑의 이면에 미움이 공존한다는 이론적 배경에서 출발한 주장이었지요. 그 주장이 참인지 거짓인지는 모르겠으나 썩 유쾌하게 들리지는 않습니다. 다니엘 스턴 같은 비교적 최근의 전문가들은 이런 주장에 분명한 반대 의견을 표하기도 했습니다.

제 생각에는 약간 시각을 바꿔서 '염려가 큰 만큼이나 아기를 사랑하는 마음도 비례해서 큰 것이 아니겠는가?'라고 생각하는 편이 유익할 것 같습니다. 아무튼 부모의 염려로 인해 아기가 더 안전한 환경에서 자라날 수 있음은 부인할 수 없는 사실입니다.

로션을 직접 눈에 넣어본 것은 '공감'을 일종의 도구로 이용하던 직업적 습관 때문인지도 모르겠습니다. 아기의 느낌이 어땠는지 좀 더 비슷하게 느껴보고 싶었거든요. 자기심리학자 하인츠 코헛Heinz Kohut은 공감을 일컬어 "타인의 내면적 삶으로 들어가는 유용한 방법"이라 이야기한 바 있습니다. 제 경험으로는 공감을 조금 사용하게 되면 아기가 늦은 밤까지 잠을 안 자거나 불가능한 일을 해달라며 떼를 쓰더라도 화가 (약간!) 덜 나는 것 같더라고요.

제가 운 이유는 무엇이었을까요? 단순히 물리적인 통증 때문에?

아기를 아프게 했다는 죄책감 때문에? 아니면 아기가 이렇게 아팠겠구나 하는 공감으로?

있잖아
남편,
그거
해봐.
그거
어...
또...?
해봐!
빨리!
아기가 잠만 자니까 심심합니다.
얼른 커서 좀 덜자면 좋겠습니다
아
하
하
핳
하
하
핳

9

수면 교육

아기가 커나감에 따라
수면 양상은 하루하루 달라진다.

"육아 퇴근 시간"만을 바라보는
부모들에게는 안된 일이지만

세상을 탐구하는 즐거움을 깨닫게 된 아기는
좀처럼 자려하지 않는다.

그리하여 우리 부부도 육아서적들에 나오는 것처럼 '수면의식'이란 것을 만들어보기로 했다.

알다시피 '수면의식'이란 아기가 잠들기까지 일관된 절차를 매일 똑같이 밟아나가는 것이다.

그렇다면 번거로운 수면의식은
도대체 왜 필요한 걸까?

* 1화에서 쓴 그림 대충 재활용함.

어떤 출처에서는 수면의식을 〈파블로프의 개〉 실험처럼
'고전적 조건화'의 개념으로 설명하고 있었다.

물론 어느 정도는 일리가 있겠지만, 나는 그런 설명에 중요한 무언가가 빠졌다고 생각한다.

그런 접근법을 대표하는 학자 '존 B. 왓슨'은 대강 다음과 같은 말을 남겼다.

"내게 열두 명의 아기만 주시라.
내 방식대로만 하면, 어떠한
종류의 전문가로도 길러낼 수 있소.
의사든, 변호사든, 상인이든,
거지든, 도둑으로든...
아기의 특성과는 무관하게 말이오."

John Broadus Watson

그리고 그는 자신의 견해대로
보상과 강화에 근거하여 자식들을 길렀다.

과연 왓슨의 실험은 성공했을까?

천만에...

그의 실험은 끔찍하게 막을 내렸다.

자식 넷 중 셋은 자살을 시도하였고, 외손녀였던

배우 메리엇 허틀리는 "외조부의 이론으로 양육된 결과

자신이 심리적으로 망가졌다"고 토로하였다.

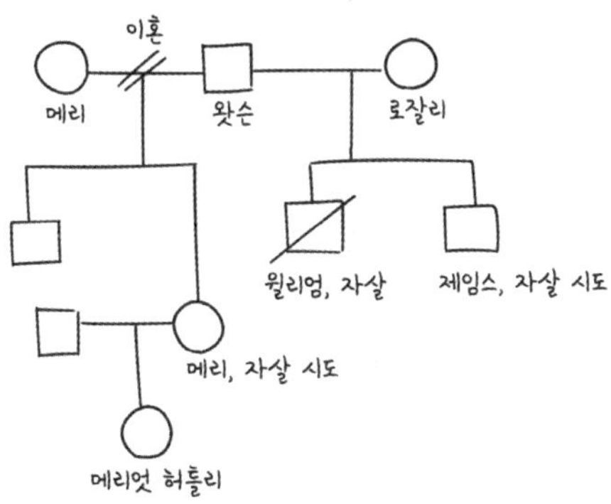

왓슨이 간과한 것은

"내면에서 움직이고 있는 마음"이었을지도 모르겠다.

아마도 일관되게 수면의식을 반복하다 보면

<아기는 앞으로 어떤 일이 벌어질지

마음속으로 예상을 할 수 있어

점점 불안을 덜 느끼는 것>이 아닐까?

마치 공포물을 보기 전 스포일러를 미리 접하고 나면
전혀 무섭지 않은 것처럼 말이다.

그런데…
설계대로만 흘러가는 육아란 존재하지 않는 것 같다.

수면의식이 한동안은 먹혔지만…
아기가 예측을 너무 잘 하게 되자, 이제는
낌새만 보여도 잠을 안 자겠다는 듯 버텼다.

이 난관을 어찌 극복하나?
나는 진료실에서 배워왔던 원칙들을 응용해보기로 했다.

- 마음을 탐색하고 공감한다.
- 저항하면 물러나 적당한 타이밍을 기다린다.

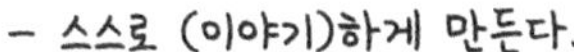

- 스스로 (이야기)하게 만든다.

아기가 어둠을 무서워하는 것 같으면
침실에 불을 은은하게 켰고,
더 놀고 싶은 눈치면 수면 자체를 놀이로 만들었다.

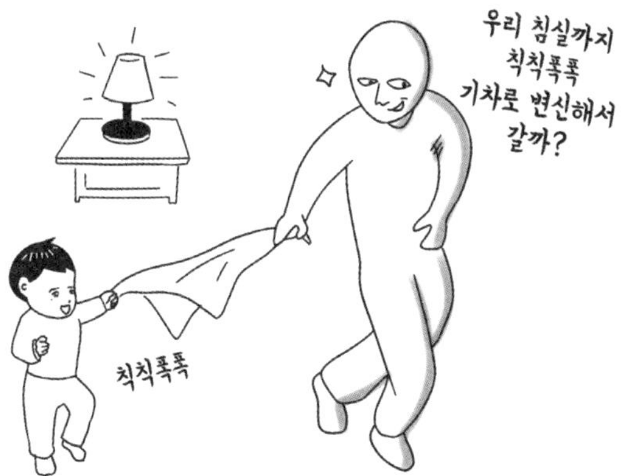

아기는 곧잘 따라했고

곧 잠이 들었다.

의기양양해서 아내에게 자랑했더니...
아내는 일찌감치 해오던 일이라고 한다.

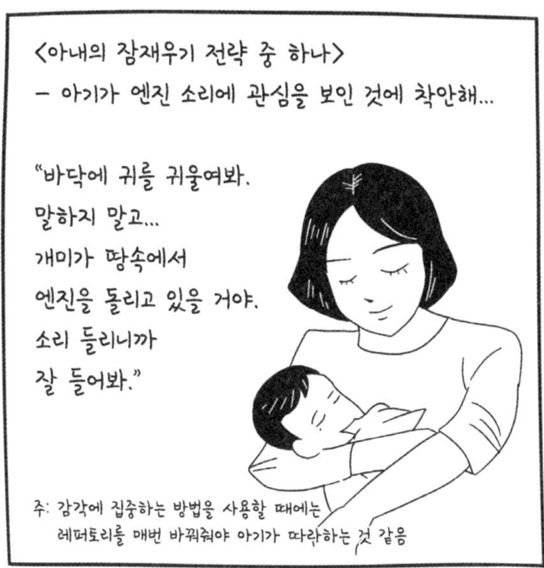

그러고 보면
직관과 본능으로 이미 육아의 답을 알고 있는 이들에겐
이론 따위는 그다지 필요 없는 것 같다.

사족:
때로는 그 어떤 재우기 기술도
통하지 않는 날이 있다.

그럴 때는 방법이 없다.
정해놓은 선을 넘는다 싶으면, 아기를 좀 울리더라도
단호히 하는 수밖에…
안 돼 안 바꿔줘. 불 켤 생각 없어. 빨리 누우러 가.

못다 한 이야기

아기의 평화로운 수면을 위해

수면은 출렁이는 파도와 닮았습니다. 잠의 깊이는 항상 일정한 것이 아니라 하룻밤 사이에도 여러 차례 깊은 단계와 얕은 단계 사이를 오고 갑니다.

사실 우리 모두는 (다음 날 기억은 잘 나지 않더라도) 매일 밤 살짝 각성되는 경험을 하고 있는지도 모릅니다. 다만 깰 듯 말 듯한 의식 상태가 찾아왔을 때 대개는 금방 다시 잠에 빠져들기 때문에 수면의 흐름에 끊김이 있었는지를 잘 인식하지 못할 따름입니다.

그런데 아기들은 (성인과 달리) 이런 수면의 파도를 타다가 깨버리는 일이 흔합니다. 실제로 2세 이전까지 많은 아기들이 비슷한 경험을 한다고 합니다. 딱히 배가 고픈 것도 아닌데 습관적으로 밤중에 일어나거나, 한 번 깨고 나면 어른이 옆에서 다시 재워줘야만 잘 수 있거나, 일찍 잠이 깨 필요한 수면 시간을 다 채우지 못하는 일이 빈번한 까닭은 그 때문입니다.

하지만 어느 정도 자라고 나면 '스스로 통잠을 잘 수 있게 되는 아기'들이 늘어납니다. 이러한 아기들은 스스로 다시 잠을 청할 능력이 생긴 아기들입니다. 살짝 깨더라도 담요를 만지작거린다든지 몸을 뒹군다든지 하며, 성인인 우리가 하는 것처럼 다시 잠에 빠져드는 요령을 터득한 것이지요.

반면에 '통잠을 자지 못하는 아기'는 자다 깼을 때 스스로 잠드는 법을 아직 알지 못하는 아기입니다. 그리하여 이 아기들은 다시 재워달라고 한밤중에 울며 부모에게 도움을 요청하게 됩니다.

자, 그렇다면 조금이라도 더 편안한 밤을 원하는 우리들의 목표는 분명해졌습니다.

"아기가 밤중에 깼을 때 스스로 다시 잠에 빠져들 수 있도록 만들어보자!"

이 목표를 달성하기 위해서는 우선 수면 환경부터 점검해봐야 합니다. 혹시 아기를 안아 들고 잘 때까지 어르다가 잠이 들고 나서야 침대로 데리고 들어가 눕히고 있지는 않나요? 이는 바람직하지 않습니다. 우리가 자다가 깬 아기가 되었다고 가정해봅시다. 한밤중에 눈을 떠보니 자기 전 놀던 상황과는 전혀 다른 광경이 펼쳐집니다. 어리둥절하지 않을까요? 도대체 무슨 일이 일어난 것인지 파악하려 들다 보면 잠이 달아나거나 불안해져 울음을 터뜨릴지도 모릅니다.

그러므로 수면의식의 마지막 즈음에는 이미 아기를 잘 곳에 눕혀놓은 상태가 되어 있어야 합니다. 아기 스스로 '나는 침실에 들어와 있고 이제는 잘 것임'을 능동적으로 알게끔 만들어야 하는 것이지요. 일부러 유모차 속 또는 달리는 차 안에서 아기를 재우고 있었다면 방법을 바꿔보는 게 어떨까요?

그다음으로는, 아기가 자다 깼을 때 스스로를 달래고 자게 도와주는 것들을 갖춰놓는 게 좋겠습니다. 수면의식을 할 무렵 만지작거릴 수 있는 담요, 또는 애착 인형 같은 보드라운 질감의 물건들을 옆에 두는 것은 어떨까요. (단 공갈젖꼭지 같이 스스로 입으로 가져다 넣는 데 정교한 동작이 필요한 것은 추천하지 않습니다.) 시일이 지나며 아기는 서서히 한밤중에 깨더라도 다시 잠드는 법을 스스로 익힐 것입니다. 아기는 매일매일 자라고 있으니까요.

아기가 깨물어요

아기가 8개월 즈음 될 무렵이었나?
여느 때처럼 둘이서 잘 놀던 중이었는데...

아기가 조용해지더니
갑자기 내 손을 깨물었다.

뭐지? 이 뜬금없는 반응은?
내가 뭘 잘못하기라도 한 건가…

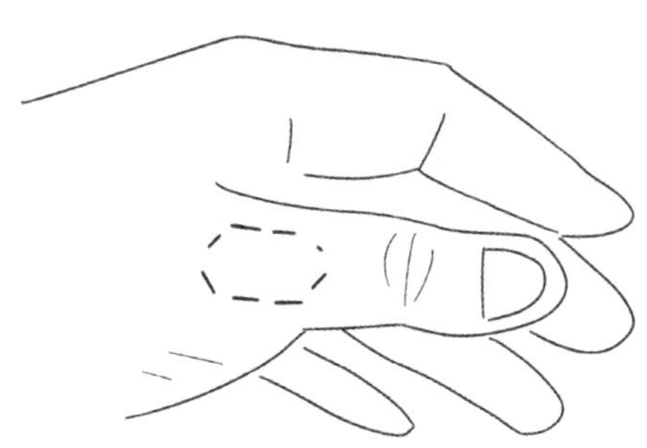

아들아 이게 무슨 짓이냐.jpg

비슷한 경우는 또 있었다.
때로는 재미나는 놀이라도 하는 듯 즐거운 표정으로,
아내를 때리거나 머리칼을 잡아당겼다.

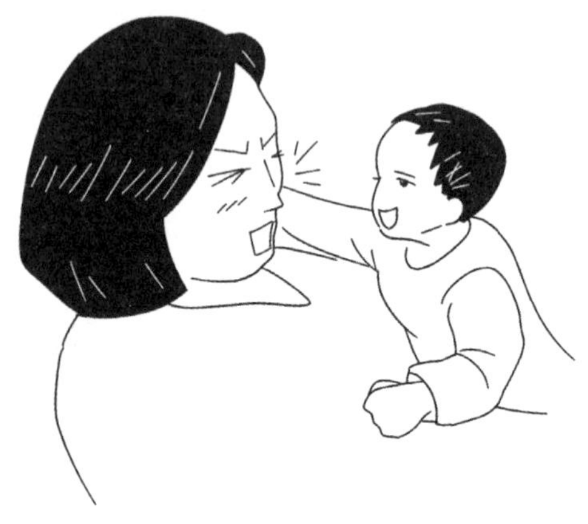

도대체 무슨 일이 일어나고 있는 것일까?
아기를 이대로 둬도 괜찮을까? 아님 제지를 해야 할까?
해답을 알고 싶었다.

(하지만 곧 흐지부지되었다.)

이 '이상야릇한 아기의 공격성'에 관해
나름대로 이해할 수 있게 된 것은 한참 뒤의 일이었다.

우선 소아과 의사이자 정신분석가 도널드 위니컷의 견해부터 소개할까 한다.

"아기가 보이는 최초의 공격성은 우리가 일반적으로 생각하는 공격성과 그 성격이 다릅니다.

아기의 공격성이 〈고의로 해치려는 행동〉이 되려면 자신이 상대방에게 잔인하다는 것을 인지할 만큼 충분히 분리가 이루어져야 합니다. 그런데 초기의 유아는 아직 그 상태에 다다르지 못했습니다."

Donald W. Winnicott
(1896-1971)

"아기의 1차적 공격성은 신체 활동 또는 근육 성애와 같은 것이라고 이해해야 합니다.

파괴성이나 분노의 표현이라기보다는 생명력과 연관된 에너지의 표현이라 보아야 적절하겠지요."

신경과학자 야크 판크세프는
또 다른 힌트를 말해주고 있었다.

"우리는 분노와는 연관되지 않은, 전혀 다른 유형의
공격성을 동물들에게서 발견할 수 있습니다.

바로 <조용한 깨물기 공격quiet biting attack>
이란 것인데요.

Jaak Panksepp (1943-2017)

통상적인 공격에는
'으르렁'과 같은 소리내기가
따라오는 데 비해, 이 공격은
조용하기 때문에
그런 이름이 붙었답니다."

"조용한 깨물기 공격은 '뇌의 분노 시스템'이
아니라 '추구 시스템'이 활성화될 때 나타납니다.

분노 시스템

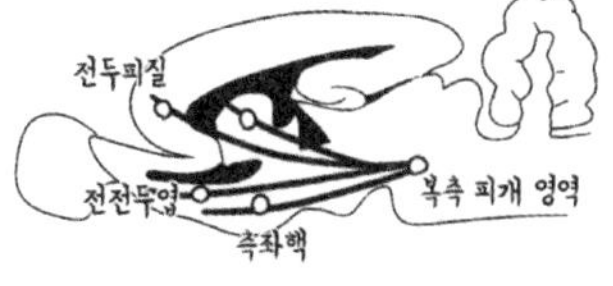

쥐의 추구 시스템

분노 시스템은 불쾌한 감정을 불러일으키지만
추구 시스템은 기분을 좋게 만들어요."

"추구 시스템은 굉장히 중요합니다. 주변을 탐색하게 만들고, 동기를 부여하는 기능을 갖고 있기 때문입니다.

삶에 의욕을 북돋우고, 창조성으로 결실 맺게 하는 일 역시 이 시스템이 작동하기 때문에 가능한 것이지요."

위니컷도 비슷한 이야기를 한다.

"혹여 아기의 잔인함에 대해 (부)모가 도덕적인 잣대로써 보복한다면, 아기는 즐길 수 없고 결국 외부 대상에 관심을 잘 가질 수 없게 됩니다.

그럴 경우 잔인성은 향후 창조성으로 이어지지 않을 것입니다."

이러한 설명에 따르면 어쨌든 아기의 공격에
버텨주는 것이 좋다는 결론에 다다르게 된다.

그렇다면 물리고 맞고 뜯기는 일을;;;
부모는 언제까지나 인내해야 한다는 말일까?

아니, 그렇지는 않을 것 같다.
당연한 이야기이겠지만
적당한 시점에 반드시 훈육은 시작되어야 할 것이다.

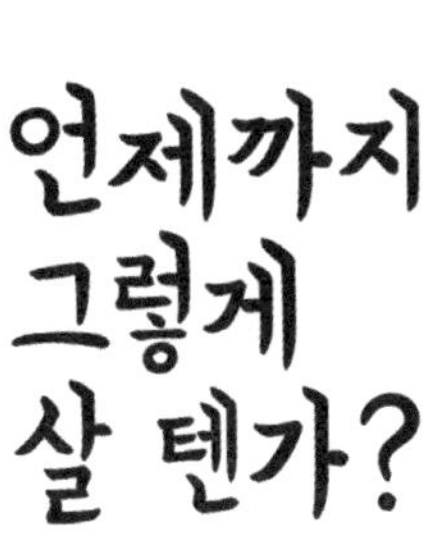

하하하하하하하하하하하하하하하하하하하하하하하하하하하하하

그 시점은 아마도
아기가 타인의 존재를 점점 인식하게 될 무렵,
즉 타인에게도 나와 같은 의식이 있고
여러 가지 감정이 있음을 알아차리게 될 무렵…

혹은 부모의 목소리가 내면의 목소리로 바뀔 무렵,
즉 희미한 초자아가 자라나기 시작할 무렵…
이 아닐까?

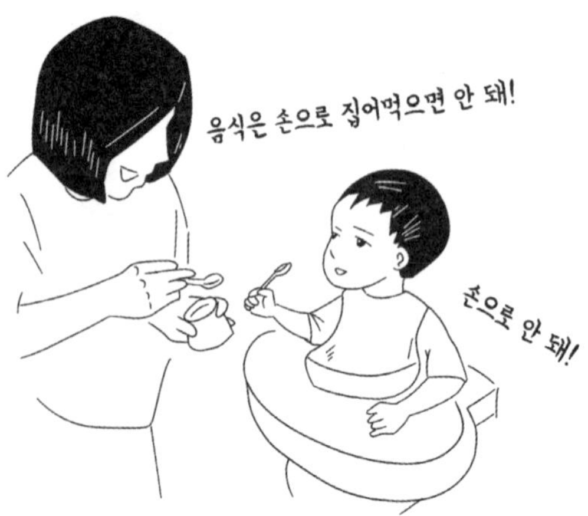

몇 개월이 흘러 충분히 자란 이후
약간 제지를 하자,
아기의 깨무는 행동은 금방 바뀌었다.

우리 아기가 달라졌어용

정말 화가 나 깨물려고 하다가도 멈칫하더니...
요렇게...

더 화가 났을 때는
요렇게… ;;;

좀 괴상한 대처 방식이기는 했지만
아무튼 아기는 계속 발전하고 있었다.

부록: 증거 사진

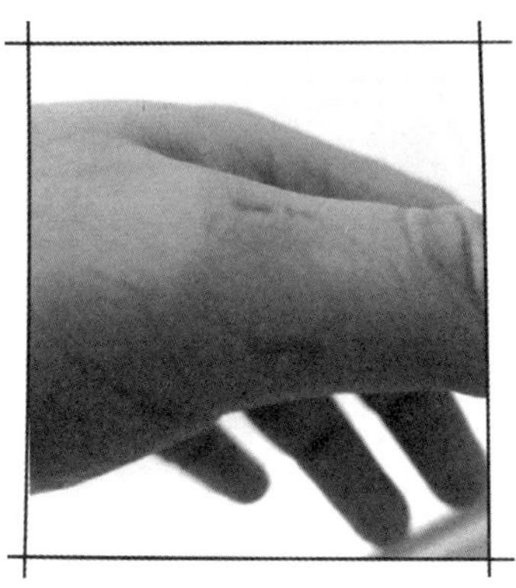

맺음말

훈육의 타이밍

아기는 끊임없이 외부 세계를 탐구합니다. 외계를 만지고, 때리고, 차고, 물고, 빠는 과정에서 자신의 경계를 체험합니다. 힘을 가했을 때 돌아오는 반응을 느끼고서 외부 세계의 성질을 파악해나갑니다. 그런 과정 속에서 서서히 세상의 규준을 알게 될 것입니다. 이번 화의 아기도 그런 과정을 밟고 있었을 것입니다.

그런데 만약 제가 무는 아기에게 "너, 이 녀석! 지금 아빠를 물었어! 혼 좀 나봐라" 하며 꿀밤을 콩 때렸다면 어떤 일이 벌어졌을까요? 어쩌면 아기는 더 이상 아빠의 몸을 탐구할 추진력을 잃고 움츠러들었을지도 모를 일입니다.

위니컷의 주장에 따르면 탐구 과정이 방해를 받게 되었을 때 아기는 자신의 내면에서 작동하는 호기심이나 열망을 억누른다고 합니다. 세상을 탐구하려는 동력이 줄어드는 것입니다. 타인에 대한 인식이 명료하지 않은 상태에서 나오는 아기의 거친 행동을 두고서 마치 공격의 의도가 있는 것인 양 판단해서는 안 된다고 위니컷은 말합니다. 그러므로 아무튼 제가 뭔가 보복(?)을 하지 않고 견뎌낸 것은 당시로써는 잘한 일인 듯싶습니다. (대부분의 부모님들이라면 누구든 다 그랬을 것입니다.)

훈육을 시작하는 시기는 조금 더 시간이 경과한 이후가 적당해 보입니다. 프로이트는 4세 정도부터 '초자아superego'라는 마음의 구조가 자라난다고 했습니다. 반면 또 다른 정신분석가인 멜라니 클라인Melanie Klein은 생후 1세가 되는 시점이면 초자아가 생긴다고 주장했습니다. 자신의 행동과 생각에 도덕적인 판단을 내리고 양심의 기능을 하는 추상적인 정신 기구가 바로 초자아임을 상기할 때, 훈육의 시기는 그 사이의 어느 즈음이면 적절하지 않을까 생각해봅니다.

초자아는 부모의 목소리가 마음속에 내재화되어 형성되는 것이라고 합니다. 언젠가 저희 아기는 호기심에서인지 문틈에다가 손을 집어넣으려 했습니다. 문이 닫히면 자신의 손가락이 다칠 수 있다는 사실을 아직 몰랐던 것이죠. 그래서 저는 반복적으로 가르쳐줬습니다. 아기가 손을 넣으려 할 때마다 "위험해, 안 돼"라고 외쳤습니다.
그러자 얼마 후 아기는 문틈에 손가락을 넣다 흠칫하면서 갑자기 고개를 절레절레 저으며 스스로 말했습니다.

"안 돼."

아기에게 새로운 내적 언어가 출연한 것입니다. 부모의 목소리가 아기의 마음속에 또 다른 세력으로 자리 잡기 시작했음을 증명해주는 장면이었습니다.
아마도 이러한 능력이 생겨나기 시작할 때 즈음이면 슬슬 훈육을 시도해봐도 되지 않을까요?

객관적 증오

사실 육아는 고된 노동이다.

그 어떤 아이템 빨이나 치트키도 그닥 통하지 않는,
그저 묵묵히 한 걸음씩 딛고 나가야만 하는 노동...

아무리 아기가 귀여울지라도
그 고됨이 없었던 일이 되지는 않는다.

혹은,
아기의 성장을 곁에서 지켜보는 것이
아무리 보람되게 느껴질지라도

지치고 힘들고 때로 화가 치밀어오르는 감정이 존재하지 않는 것은 아니다.

아니, 피치 못할 냉정한 현실로 생생히 다가올 따름이다.

아기는 삽시간에 주변을 혼돈으로 만드는 재주를 가졌다.

이따금씩은 알 수 없는 이유로 화를 내기도 한다.

아기의 일거수일투족에 항상 스탠바이 상태로
있다 보면 점차 정서적 에너지가 고갈됨을 느낀다.

예민해질 대로 예민해지고 나면
집안에서 충돌도 벌어진다.

유감스럽지만 육아의 민낯은 이런 것이다.

이제 애 좀 봐줘.

나 시간 없어.
육아 만화 그려야 된다구!

너덜너덜해진 어느 날 밤,
나는 잠이 안 와 책장을 뒤적이다가
재미난 이야기를 하나 읽었다.

아기는 무자비하고, (부)모를 쓰레기나 무보수 하인,
노예로 취급합니다.

처음에 아기는 (부)모가 무엇을 하는지, 자신을 위해 무엇을
희생하는지 전혀 알지 못합니다.

아기의 사랑은 타산적입니다. 원하는 것을 얻으면 (부)모를 오렌지 껍질처럼 던져버리지요.

아기는 엄마를 다치게 하려 하고 주기적으로 깨무는데, 이 행동들을 사랑 속에서 합니다.

아기는 (부)모의 개인적 생활을 방해하고, 무언가에 몰두하는 것을 어렵게 만듭니다.

아기는 의심이 많고, 엄마의 좋은 음식을 거부하여 엄마의 자신감을 무너뜨립니다. 그러나 남이 주는 것은 잘 먹습니다.

아기와 끔찍한 아침을 보낸 후 외출을 하면, 낯선 사람을 보고 미소를 짓습니다. 그 사람은 "아기가 참 예쁘네요"라고 말합니다.

(부)모는 아기를 향한 미운 감정을 견디고서
동시에 어떠한 행동으로도 옮기지 않을 수 있어야 합니다.
그러기 위해서는 먼저 자신이 품은 증오를 철저히 인식해야만 해요.

……

뭔 소리야?

그날 밤 나는 꿈을 꾸었다.

외래 진료를 보는 중이었는데
밖에는 엄청나게 많은 사람들이 대기하고 있어,
조급한 마음이 들었다.

그런데 처음보는 아주머니 한 분이 막무가내로
아들의 진단서를 끊어달라고 하는 것이었다.

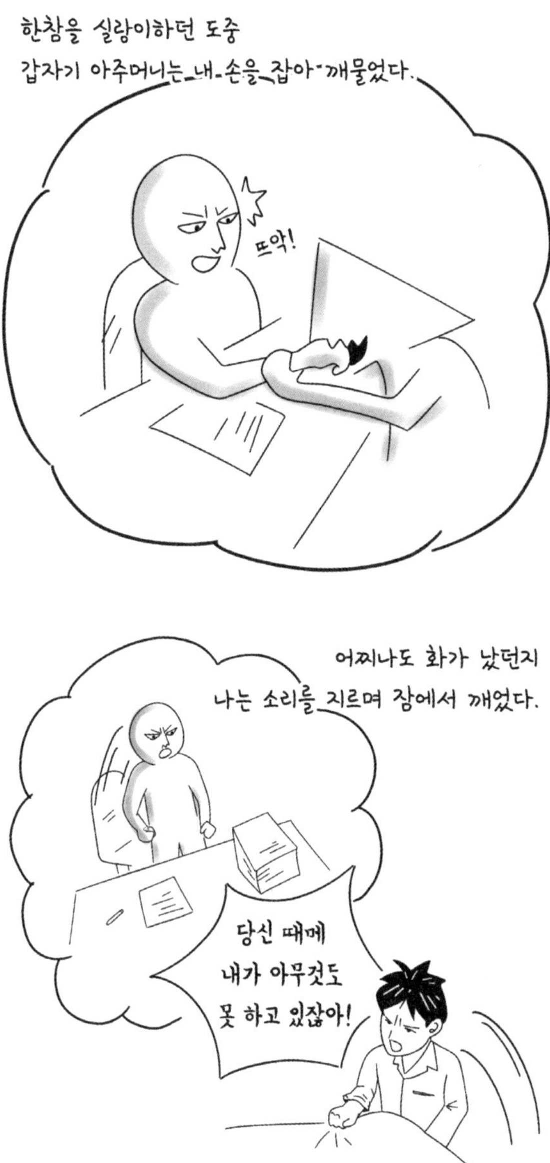
한참을 실랑이하던 도중
갑자기 아주머니는 내 손을 잡아 깨물었다.
뜨악!
어찌나도 화가 났던지
나는 소리를 지르며 잠에서 깨었다.
당신 때메
내가 아무것도
못 하고 있잖아!

깨고 나서도 한참 동안을 생각해보아야 했다.
꿈은 내 감정들을 좀 더 깊숙히 들여다보는
계기가 되었다.

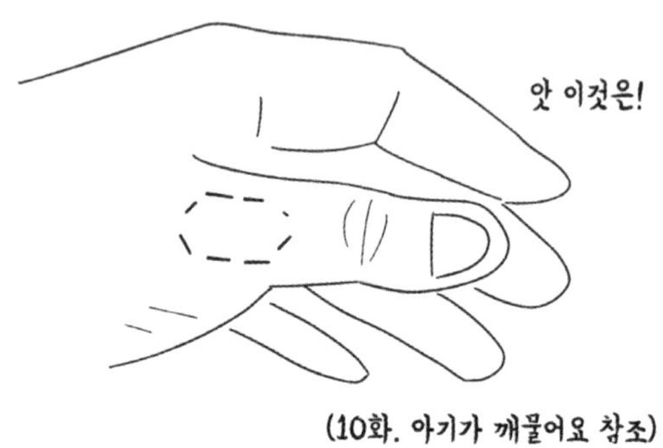

(10화. 아기가 깨물어요 참조)

그리하여 출근할 때 대문까지 따라 나오는
아기를 좀 더 꼭 껴안아줄 수 있었다.

덤: 육아 도중 너무너무 화가 날 땐 이렇게 해보자!

마음이라는 기차는 매 순간 끊임없이 갖가지
다채로운 감정과 느낌, 생각들을 실어나르고 있다.

그런데 어느 순간 마음속을 점거한 내용이
너무나 강렬한 나머지 스스로 그 속에 파묻혀버리게
된다면, 세상은 온통 그 내용만으로 가득찬 것처럼 보인다.

그럴 때면 재빨리 기차에서 내려
어떤 것들이 흘러가는지 몇 분 정도 찬찬히 관찰해보자.

그러고 나면 내 마음을 좀 더 온전히 느끼고
좀 더 받아들일 수 있을지도 모른다.

맺음말

분노를 온전히 받아들이는 법

꿈을 바라보는 시각은 다양합니다. 몇몇 신경생리학자는 그저 "잠자는 뇌의 생리적 변화에 의해 만들어지는 잡음"이라고 말합니다. 반면 정신분석가들이나 어떤 신경심리학자들은 그 의견에 동의하지 않습니다. 오히려 꿈 내용에는 "꿈꾸는 이가 깨어 있을 때 미처 떠올리지 못했던 의미들이 담겨 있다"고 말합니다. 그들에 따르면 꿈은 개인적이고 은밀한 정신 현상, 숨겨진 생각이나 욕구가 반영된 것입니다.

저 역시 여러 가지 이유로 후자의 주장이 옳다고 믿습니다. 그래서 환자들의 꿈 이야기를 듣고서 진료에 참조하기도 하고, 스스로도 직접 꾼 꿈을 분석해보기도 합니다.

이번 화에서 소개한 꿈은 저의 감정이 노골적으로 드러난 것입니다. 당시 저는 조급한 마음이었습니다. 이미 계약한 책 두 권의 번역 작업에 매달려야 했고, 이 만화도 짬짬이 그려야 했습니다. 대개 아기가 잠든 이후에야 진행할 수 있었기에 좀처럼 시간이

나지 않았습니다. 직장을 다니는 부인과 육아의 역할 분배에 대한 갈등이 있었던 것도 사실입니다.

꿈의 배경과 등장인물, 즉 '많은 사람이 기다리는 외래 진료실'과 '모든 것을 자신에게 맞춰달라고 요구하는 아주머니'는 제가 느꼈던 심리적 현실의 은유인듯합니다. (아기가 깨물듯) 아주머니가 깨물자, 저는 화를 버럭 내며 잠에서 깨어났습니다. 자다가 소리를 지를 정도로 굉장히 흥분한 상태였습니다.

한밤중에 일어나 홀로 가만히 앉아 있자니 여러 가지 감정이 오고갔습니다. 아직까지 채 여운이 가시지 않은 분노, 곧 뒤따르는 죄책감과 불안감… 찬찬히 곱씹어볼수록 여러모로 복잡한 마음이었습니다. '내가 굉장히 소진되어 있구나. 그리고 화가 나 있구나' 하는 자각이 들었답니다.

위니컷은 증오를 철저히 인식할 때에만 증오를 다루는 데 성공할 수 있다고 이야기합니다. 즉, 화가 밖으로 터져 나오는 상황을 막기 위해서는 지금 자신이 화가 나 있다는 사실을 분명히 자각하고 있어야 한다는 뜻입니다. 아울러 격한 감정에 휩쓸리지 않은 채, 그 감정을 찬찬히 객관적으로 살펴볼 수도 있어야 합니다. 자신도 잘 알지 못하는 어떤 것을 스스로 조절할 수는 없는 노릇이니까요.

아기가 아무리 사랑스럽다고 한들, 육아에서 오는 불편한 감정들이 존재하지 않는 것은 아닙니다. 육아로 인해 포기해야만 하는 기회비용들은 분명 우리 마음 어딘가에서 맴돌 것입니다. 이를 충분히 살펴보는 일은 의미가 있습니다. 그러려니 하고 못 본 척 넘어간다면 반드시 터져 나오는 대목이 생길 것입니다. 직장 동료에게 향하는 분노, 알 수 없는 막연한 불안, 악몽 혹은 불면증과 같은 가면을 쓰고서 말이죠.

12

이중구속

자라나는 아기는 점점 더 자율적인 존재가 되고 싶어 한다.

(좀 더 직설적으로 표현하자면)
가면 갈수록 뭐든지 안 하겠다고 말하고 본다.

치카치카는 한자리에
가만히 서서 하는 거야!

치카치카는
가만히 서서 하는 거라고!

심지어 본인이 알아듣는 선에서
최대한 반항하는 것처럼 보일 때도 있다.

돌아다니지 마!
양치질할 때 위험해!

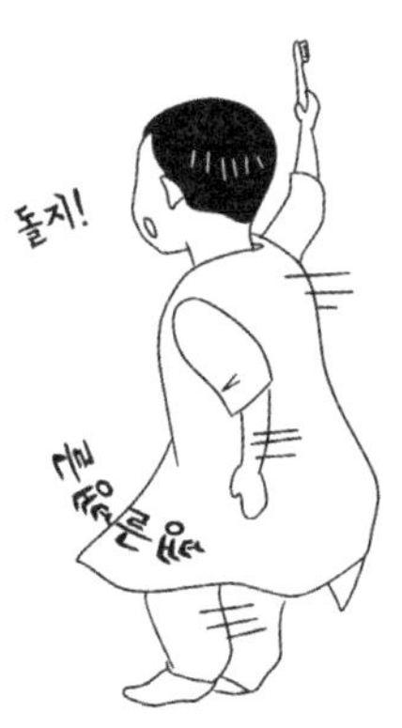

그리고, 반항하다 스스로 헷갈려버리는 일도 벌어진다.

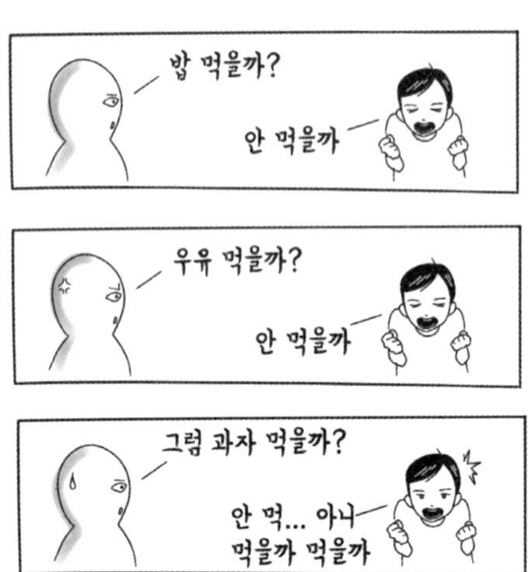

한번은 기저귀를 갈아입히려는데,
안 입겠다고 무진장 떼를 썼다.

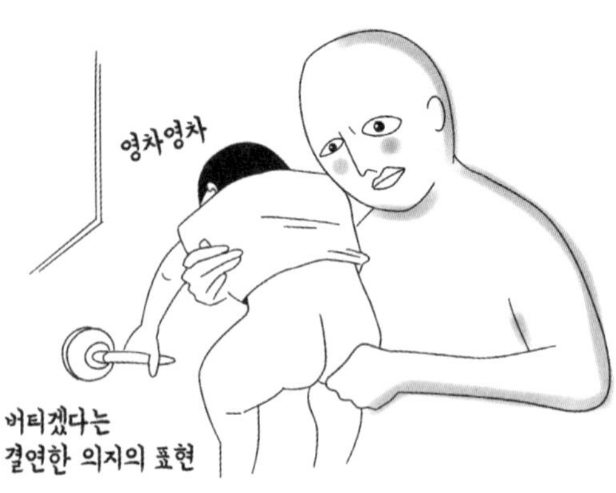

그리하야 고심 끝에 나는 꼼수 한 가지를 써보기로 했다.
그것은 바로 이중구속!

우선 '이중구속'이란 용어에는 뉘앙스의 차이가 나는
두 가지 의미가 있다는 것부터 소개하고 넘어가야겠다.

첫 번째는 문화인류학자 그레고리 베이트슨이 쓴 것인데,
"한 번에 두 가지 모순되는 메시지를 전달하여
듣는 사람을 어찌할 줄 모르게 만드는 상황"이라는
뜻이다.

바로 이런 것…

두 번째는 정신과 의사, 최면치료사였던 밀튼 에릭슨이 쓴 의미인데, "상대방에게 선택지를 주어 일견 자율성을 보장해주는 것 같지만, 실은 어떤 선택지를 고르든지 결국 화자가 원하는 바대로 이끌려 오게끔 만드는 일종의 암시"를 뜻하는 것이다.

물론 나의 의도는 지극히 에릭슨적인 것이었다.

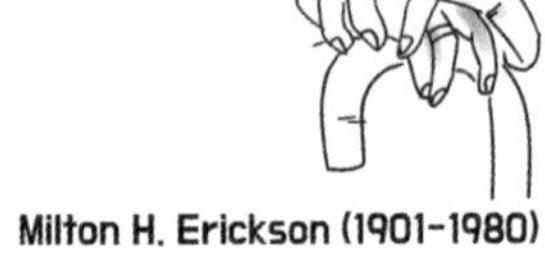

Milton H. Erickson (1901-1980)

그래서,

꼼수는 잘 작동했을까?

아니... 유감스럽게도

첫 시도에 아기는 들은 척 만 척이었다.

아차! 우리 아기는
아직 시간 개념을 모르지;;;

잠시 고민한 후, 나는 아기가 이해할 수 있을 법한 문장으로 다시 시도해보았다.

그러자...

반응을 보인다!

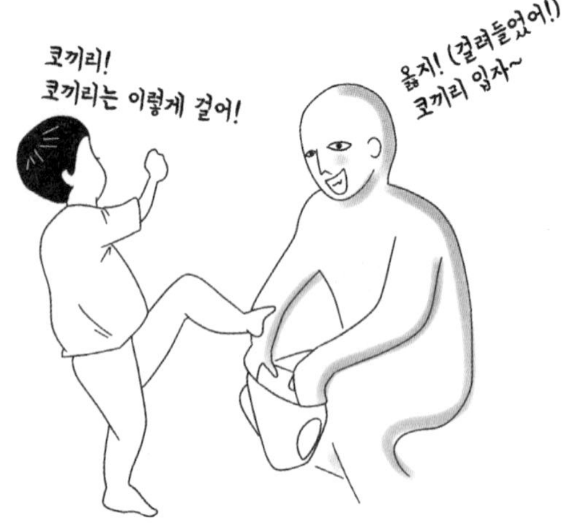

나의 이중구속이 처음으로 성공하는 순간이었다!

하지만...
늘 그렇듯 육아에서 일이 이렇게 쉽게
끝날 리는 없다;;;

"선택지"를 준 것에는 크나큰 결점이 있었으니...

아기는 기저귀를 하나 더 겹쳐 입겠다고
한동안 난리를 쳤다.

여러분,
자율성이 이렇게 무서운 겁니다.

육아 Q&A ④

밀턴 에릭슨 선생님과의 (가상) 인터뷰

아빠: 안녕하세요. 선생님. 선생님은 환자를 치료할 때 이중구속 Double Bind 테크닉을 종종 쓰셨다고 들었습니다. 그런데 이중구속을 당하는 입장에서는 정신 건강에 해롭다는 말도 있던데요. 사실인가요?

에 선생: 유사품과 헷갈리셨군요. 그 이중구속은 제 것이 아닙니다. 의미가 전혀 달라요. 그레고리 베이트슨Gregory Bateson과 도널드 잭슨Donald Jackson이 사용했던 개념을 말씀하시나 본데, 그 양반들의 이중구속은, 예를 들자면 이런 겁니다.

> A와 B라는 선택지가 있어 둘 중 하나를 골라야 하는 아들이 있습니다. 고민하는 아들을 보고 아빠가 이렇게 말합니다. "너 하고 싶은 대로 골라. 완전 자유롭게…."
> 망설임 끝에 아들은 A를 고릅니다. 그 순간 아빠가 버럭 화를 냅니다. "넌 왜 이런 걸 골랐냐. B가 더 좋다는 것은 바보도 알겠다!"

이렇게 모순적인 메시지를 한꺼번에 전달하는 게 그 양반들이 말하는 이중구속입니다. 이런 이중구속은 직관적으로 봐도 뭔가 해로울 것 같습니다. 그레고리 베이트슨은 "부모의 이중구속적 메시지에 자식이 빈번히 노출될 경우 조현병이 생긴다"라고 주장하기까지 했습니다. (뒷받침하는 연구가 방법론적으로 굉장히 결함이 많아 곧이곧대로 받아들이기는 힘들 것 같습니다만.)

반면 제 이중구속은 그런 것이 아닙니다. 제 이중구속은 쉽게 상대방의 저항을 걷어내는 기술입니다. 예를 들어 누군가에게 최면을 걸고 싶다면 저는 이렇게 말합니다.

"이 의자에 앉아서 최면에 걸리시겠습니까? 아니면 저 의자에 앉아서 걸리시겠습니까?"

저는 저의 암시적인 제안을 따르는 데 필요한 모든 자유를 상대방에게 줄 뿐입니다.

아빠: 결국 어떤 것을 택하든지 선생님의 제안, 즉 최면에 걸리라는 소리네요. 하지만 선생님, 상대가 좀 똑똑하다면 트릭에서 빠져나올 수도 있지 않을까요? 이를테면 "아니요, 저는 최면에 걸리기 싫은걸요"라고 말할 수도 있잖아요?

에 선생: 후훗. 그럴 때는 좀 더 복잡한 방법이 있답니다. 무의식적으로 이중구속을 해버리는 겁니다. 예를 들면 "최면에 걸리면 오른손이 먼저 편안해질까요? 왼손이 먼저 편안해질까요?"와 같은 식으로 질문하는 거죠. 상대방에게 궁금증이 생겼다면 최면에 걸려 확인해보지 않고서는 못 버틸 겁니다.

아빠: 오. 그럴듯 하네요. 하지만… 그 정도로 복잡한 문장은 아기가 전혀 못 알아들을 것 같은데요? 이 책은 육아 만화라고요.

에 선생: …

13

이행기 대상

어린 아기에게 '엄마'라는 존재는 거의
'세상의 전부'인 것처럼 보인다.

언젠가부터는 어떤 애매한 존재마저 등장해,
더욱 아빠의 위치를 가늠하기 어렵게 만들었다.

<아기의 낡은 이불>이 바로 그것이다.

경우에 따라서는 그 꾀죄죄한 이불의 능력이
나보다 나은 것처럼 느껴지기도 했다.

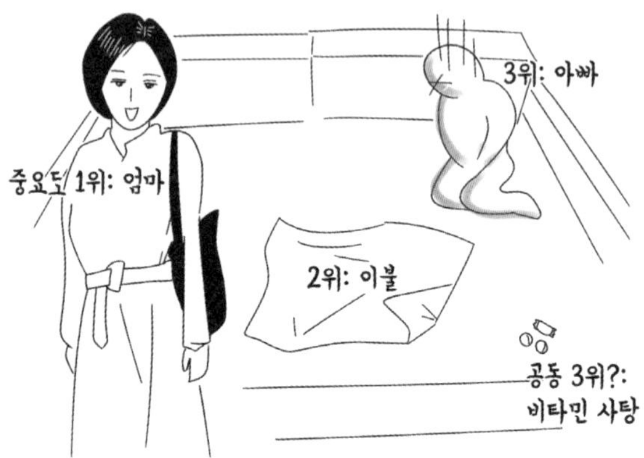

아내가 다시 일을 나가기 시작하면서
나와 아기, 둘이서 보내는 시간은 자연히 늘어났다.

우리 둘의 시간은 대개 비슷한 패턴으로 흘러갔다.

1. 한동안은 둘이서 비교적 잘(?) 논다.

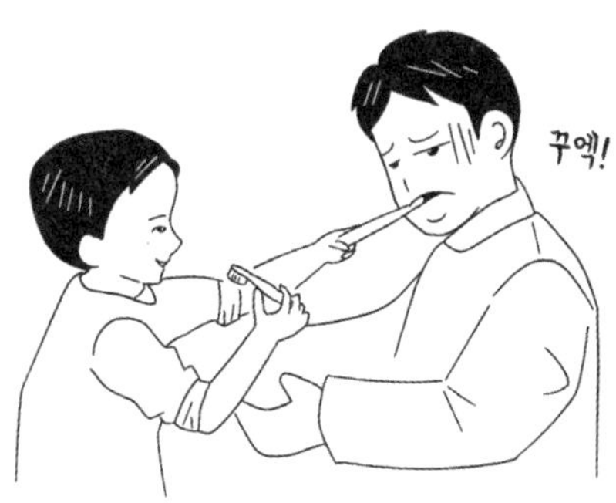

2. 그러다 불현듯 아기가 울먹인다.
그리고 엄마를 찾는다. 난감한 순간의 시작이다.

3. 무슨 수를 써도 잘 달래지지가 않는다.

4. 운이 좋아 잠시 주의를 돌리는 데 성공할지라도 아기는 곧 엄마를 요구하는 상태로 되돌아온다.

5. 그때는 그 애매한 존재가 필요하다.

애매한 존재라고요? 저는 '이행기 대상'이랍니다.
아기가 고집하는 친숙한 물건이죠.
흔히 이불이나 곰인형처럼 부드럽고 따스한
느낌을 주는 것들이 이 역할을 맡게 된답니다.

하지만 저를 단순히
그런 질감을 지닌 물건으로만
취급하시면 안 돼요.
제게는 아기가 부여한
특별한 의미가 있거든요.
이를테면 '엄마와의 관계'
같은 것 말이에요.

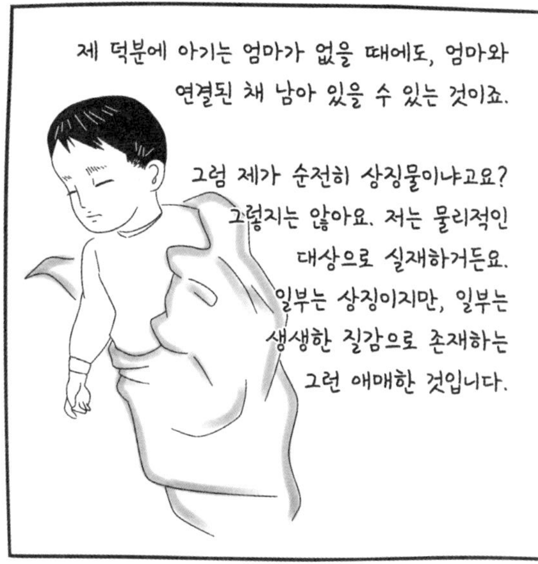

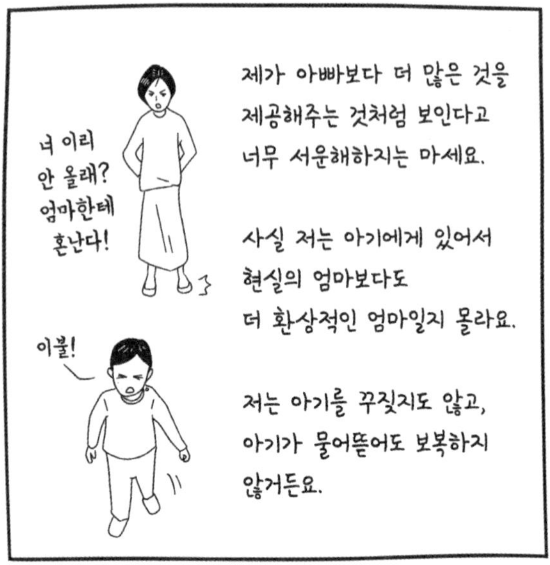

너 이리 안 올래? 엄마한테 혼난다!

이불!

제가 아빠보다 더 많은 것을
제공해주는 것처럼 보인다고
너무 서운해하지는 마세요.

사실 저는 아기에게 있어서
현실의 엄마보다도
더 환상적인 엄마일지 몰라요.

저는 아기를 꾸짖지도 않고,
아기가 물어뜯어도 보복하지
않거든요.

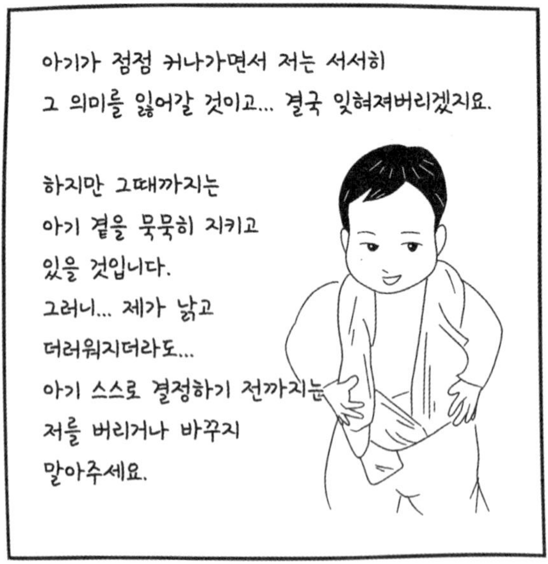

아기가 점점 커나가면서 저는 서서히
그 의미를 잃어갈 것이고... 결국 잊혀져버리겠지요.

하지만 그때까지는
아기 곁을 묵묵히 지키고
있을 것입니다.
그러니... 제가 낡고
더러워지더라도...
아기 스스로 결정하기 전까지는
저를 버리거나 바꾸지
말아주세요.

맺음말

아기와 부모 사이의 징검다리

어느 날인가부터 아기는 이불을 들고 다니기 시작했습니다. 질질 끌고 가다 발에 걸려 넘어질 뻔한 적도 있었지만 아랑곳하지 않았습니다. 한 가지 재미있던 점은 이불이 깨끗할 때보다 지저분해진 상태를 더 좋아하는 듯 보였다는 것입니다. 빨래를 해서 주면 싫다고 징징댔고, 자신이 모퉁이를 입으로 빨아 축축해진 이불을 가져다 달라고 떼를 썼습니다.

우리 부부가 출근하고 없을 때 아기를 돌봐주신 '이모님'은 이렇게 이야기했습니다.

"이불은 늘 자기 곁에 있으니 좋아하는 것 아닐까요?"

놀라운 직관이라고 생각합니다. 위니컷은 아기의 곁을 지키는 이불과 같은 물건을 '이행기 대상'이라고 명명했습니다. 그리고 다음과 같은 식으로 설명하였습니다.

배가 고프다는 신호를 보낸 (아주 어린) 아기가 엄마의 젖을 먹는 장면을 생각해봅시다. 애초에 아기 마음속에는 이런 생각이 떠오를 것입니다. '내가 원할 때면 짠하고 젖이 나타나는구나.' 이 무렵 아기는 자신과 타인의 경계를 명확히 구분하지 못합니다. 그래서 자신이 원하였기에 젖이 등장한 것이라고 여깁니다. 자신의 의지대로 다른 대상이 움직였다고 착각하는 것이지요. 하지만 자라나는 아기는 점차 좌절을 경험하게 됩니다. 엄마가 즉시 나타나지 않는 경우도 있으니까요. 그에 따라 엄마는 원래 자신과 분리된 존재였다는 냉혹한 현실을 점차로 인식하게 되는 것이지요. 아기로서는 그러한 현실이 충격적이지 않겠습니까? 이때의 충격과 불안을 줄여주는 역할을 하는 것이 바로 이행기 대상입니다.

엄마를 마음대로 할 수 있다고 느끼던 시절의 전능감을, 아기는 이제 '이행기 대상'을 통해 다시 느끼게 됩니다. 이행기 대상을 통해 엄마와 떨어져 있다는 존재적 불안감을 다소 달랠 수 있는 것입니다. 그러므로 낡고 지저분한 담요에게는 중요한 의미가 깃들어 있습니다.

아기가 더 성장한 어느 날, 자신과 별개인 타인의 존재를 완전히 받아들이게 되었을 때, 자신이 가진 능력의 경계를 기꺼이 인정하게 되었을 때 비로소 아기는 이불을 놓아버릴 수 있을 것입니다. 이행기 대상은 그 과도기를 징검다리처럼 버티고 있는 것입니다.

14

돌발진①

"어떤 한 사람에 대해 파악할 때에는 언제나 조부모까지, 3대를 살펴보아야 한다."

전공의 시절 나는 그렇게 배웠다.

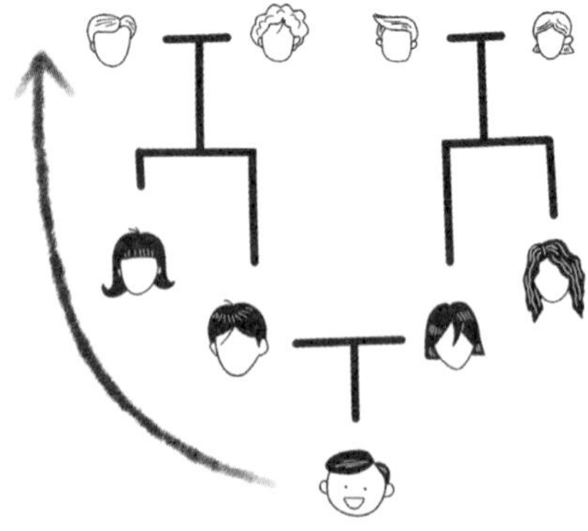

부모 자식 간의 교류 양식은 집안에서 대물림되어
다음 세대에도 재현되는 경우가 흔하기 때문이다.

일례로 '어머니와 아기 사이에 만들어지는 애착 형태'는
'외할머니와 어머니 사이에 존재했던 애착'의 영향을
가장 많이 받는다고 한다.

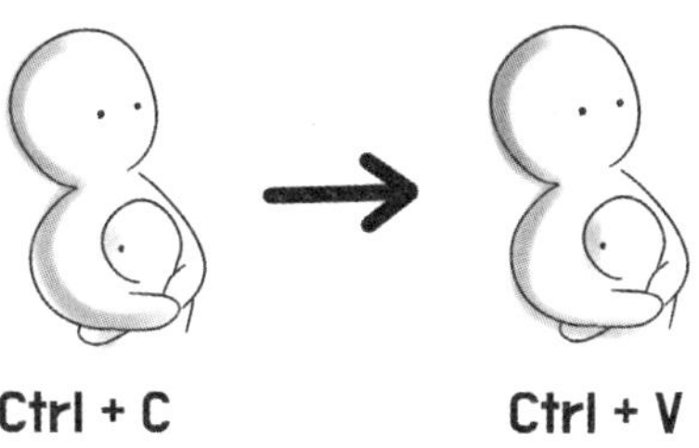

결국,
어릴 적 부모님이 토닥여주신 온기는
마음 깊숙이 스며들어
자신과 타인을 대하는 기본적인 틀로 남게 되는 것 같다.

내면에 심어진 그 온기를 바탕으로,
우리는 불안할 때 스스로를 달래기도 하고
타인을 따스히 안아줄 수도 있게 되는 것이 아닐까?

어느 날 밤 아기에게 열이 나기 시작했다.

해열제를 먹여도 열은 좀처럼 떨어지지 않았고,
왜 열이 나는지조차 좀처럼 짐작이 되지 않았다.

그날따라 밤은 유달리 길고 어두컴컴했다.

이런 느낌의 속앓이도 있구나...
부모의 마음이란 이런 것일까...

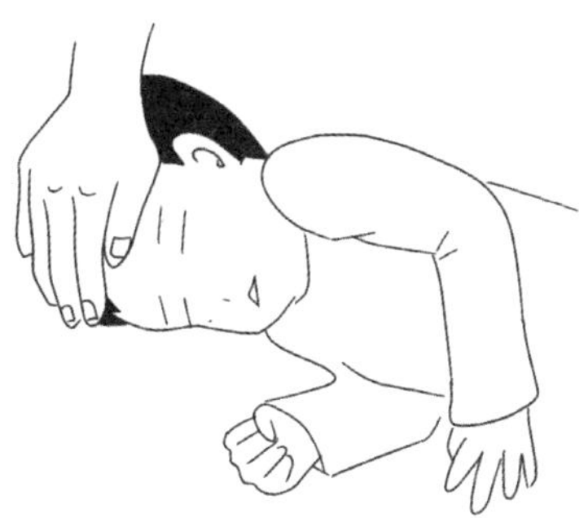

불안한 내색을 감춘 채
나는 힘들어하는 아기의 손을 꼭 잡았다.

그러다 문득 어릴 적 기억의 단편이 떠올랐다.

수두에 걸렸던 때였다.
목이 따가워 음식을 잘 못 삼키던 나에게
어머니는 사과를 갈아 먹이셨다.

그때의 통증이나 사과의 식감은 이제 희미해져
잘 떠오르지 않는다. 하지만 이상하리만치 위안을
받았던 은근한 그 느낌은 내 속 어딘가에 남아 있다.

나도 아기에게 그런 위안이 될 수 있을까...
어릴 적 기억들이야말로 내가 참고할만한
이정표와 같은 것이었다.

마음속 어머니가 우리 손을 꼭 잡아주고 계셨다.

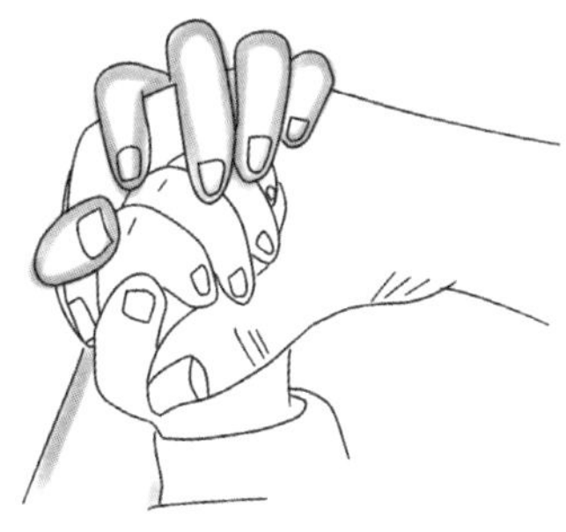

그날 밤 어머니와 나, 그리고 아기는 연결되어 있었다.

맺음말

엄마의 엄마가 엄마의 아기에게

아기가 열이 나는 날이면 종종 어머니가 떠올랐습니다. 잊고 지내던 일들이 새삼스레 의식 속에 등장했습니다. 그런 기억들은 왜 떠올랐을까요. 약해진 마음에 어머니에게 의지하고픈 (유적과 같은) 어린 시절의 습관이 되살아난 것일까요? 혹은 아픈 아기에게 어떻게 해줘야 할지 힌트를 얻고 싶었던 것일까요? 제 생각엔 아마 둘 다였을 것 같습니다.

어린 시절 보살핌을 받았던 경험은 우리 마음속에 고스란히 남아 있습니다. 부모님이 곁에 없을 때 홀로 마음을 추스를 수 있는 것도 바로 그 덕분이 아닐까 싶습니다. 아울러 우리 마음은 현재 직면한 문제를 해결하기 위해서 과거의 경험을 들여다보는 습성이 있습니다. 그런 까닭에 어린 시절 부모님께 받았던 방식 그대로 아기에게 되돌려주게 되는 것 같습니다. 자신이 익히 경험했던 일이야말로 자신이 가장 잘하는 일이 되니까요.

생애 초기에 만들어지는 애착 형태, 즉 '어머니와 자식 사이의 교류 양식'은 향후 자식이 '성인이 되어 타인과 교류할 때에도 쓰이는 원형'이 된다고 앞서 언급한 바 있습니다. 그런데 이렇게 중요한 '모자간의 애착 형태'는 '조모-모 사이의 애착 형태'와 유사한 경우가 흔하다고 합니다. 행동의 형태가 한 세대에서 다음 세대로 전달되어 내려간다는 것입니다.

이는 중요한 의미를 가집니다. 논리를 조금 비약적으로 전개시켜 보자면, '오늘 내가 우리 아기에게 한 행동 하나가 먼 미래의 손자 손녀에게도 전달되어 영향을 끼칠지 모른다'는 뜻이 되니까요.

15

돌발진②

다음 날, 아기는 여전히 열이 나
어쩔 수 없이 병원 신세를 지게 되었다.

마침 소아과 선생님이 오랜만에 보는 학교 선배였기에,
나는 선배와 둘이서만 점심 약속을 잡았다.

식사 내내 가장 궁금한 질문은 사실 단 하나였다.
하지만 쉽게 입이 떨어지지 않아 한참을 뜸 들이다
겨우 운을 띄웠다.

눈... 눈빛이요?;;;

돌발진...
발열을 설명할만한 아무런 소견 없이
갑작스레 3~5일간 고열이 나다가,
열이 내리며 온몸에 장밋빛 발진이 나타났다가
사라지는 것이 특징인 바이러스 질환...

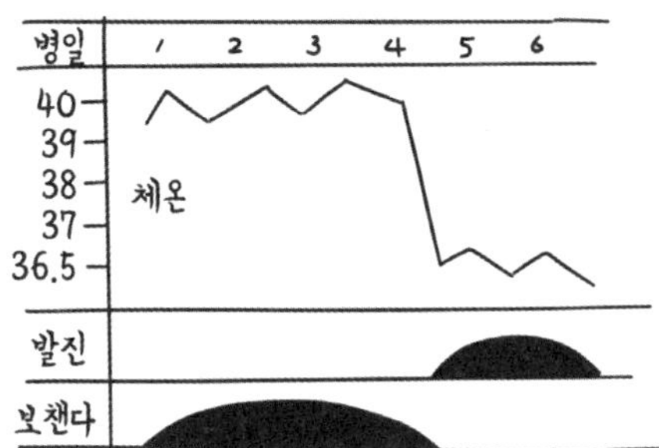

표는 소아과 교과서에서 베껴옴

학생 때 기억을 되살려보자면,
녀석은 발진을 보이는 감염병들 가운데 터무니없이 약한 종류였다. 치료법도 대증요법 이외에는 별게 없었다.

삼국지에 나오는 인물로 비유컨대...
홍역이 '여포', 풍진이 '장비'라면
돌발진은 '잠혼'이나 '한현' 정도랄까...
아무튼 존재감이 별로 없는 녀석이다.

지금 우리 무시하냐?

선배는 "며칠 지나 열이 떨어지고
발진이 올라오면 확진할 수 있으니 안심하라"고 했다.

하지만 글로 보던 돌발진과
부모로서 체감하는 돌발진은 다른 병이었다.

초조한 기다림이 계속되었다.

며칠 뒤... 정말로 아기는 열이 내렸고,
우리에게 장미꽃을 한 아름 선사해주었다.

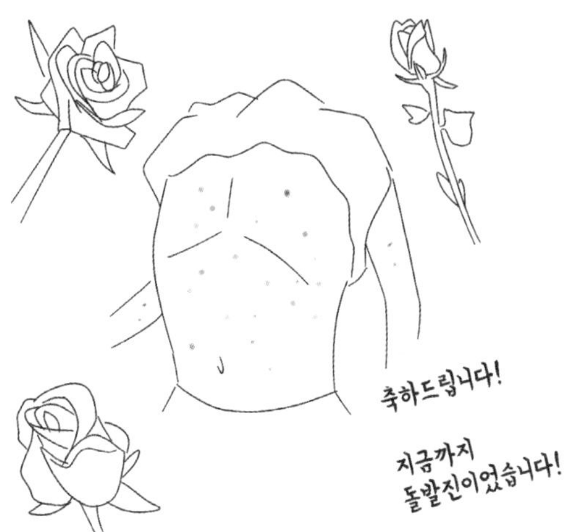

퇴원하는 날...
나는 정신없던 순간들이 드디어 일단락되는구나 싶었다.
교과서에 나온 대로라면,
일단 발진이 보이기만 하면 해피엔딩이니깐...

하지만 교과서가 쪼끔 잘못되어 있음을 깨닫기까지는
얼마 걸리지 않았다.
나름 병원에서의 며칠 동안이 무서웠던 것일까?
아기는 좀처럼 안정이 되지 않았고,
계속 안아달라고 보챘다.

병일 1 2 3 4 5 6
40
39
38
37
36.5
체온
발진
계속
보챈다

불안에 떠는 아기를 어떻게 도와줄 수 있을까?
이리저리 고민하다가 밑져야 본전이라는 생각에
나는 감정 자유 기법[EFT]이란 걸 떠올려내었다.

이 기법은 독특한 주장을 한다.
'모든 부정적 감정은 경락의 혼란에 기인'하며,
'특정한 어구를 읊고 신체의 특정 지점들을 두드리면
부정적 감정이 해소된다'는 것!
그런데...

그 주장을 검증해본 대조군 연구가 있다.
연구에서는 특정 공포증을 가진 참가자들을
네 가지 그룹으로 나누었다.

1. EFT에서 요구하는 대로 경락을 두드리게 한 그룹

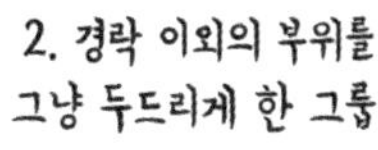

2. 경락 이외의 부위를 그냥 두드리게 한 그룹

3. 인형을 두드리게 한 그룹

4. 그냥 종이 인형을 만들게 한 그룹

그런 다음, 지시를 수행하게 하고서
공포감이 줄어든 정도를 비교해보았다.

결과는?
놀랍게도 그룹 1,2,3 모두에서 비슷한 수준으로
공포가 감소했다는 보고를 얻었다고 한다.

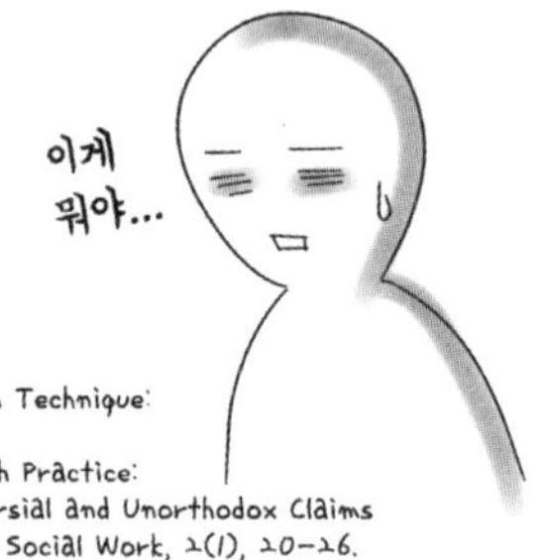

Waite, W. L., & Holder, M. D. (2003).
Assessment of the Emotional Freedom Technique:
An Alternative Treatment for Fear.
The Scientific Review of Mental Health Practice:
Objective Investigations of Controversial and Unorthodox Claims
in Clinical Psychology, Psychiatry, and Social Work, 2(1), 20-26.

아무튼... 그런 이유로
나와 아내는 번갈아가며 아기를 토닥이기 시작했다.
"괜찮아"라는 말과 함께...

그러자 조금 뒤 아기는 마법처럼 잠이 들었다.
아마 마법을 부린 것은 토닥임 그 자체가 아니었을까 싶다…

이것이 돌발진 소동의 전모이다.

맺음말

지금처럼 토닥여주세요

병원에서의 일이 아기에게는 꽤나 큰 충격이었나 봅니다. 불안 때문인지 아기는 입원 첫날부터 잠을 잘 자지 못했습니다. 체온을 재러 오는 인기척만 들려도 화들짝 놀라 깼고, 엄마가 사라지면 제게 딱 붙어 계속 엄마를 찾았습니다.

병원에 있을 때는 '퇴원만 하면 다 괜찮아질 거야', '며칠만 견디자'라고 생각했는데, 오판이었습니다. 집에 와서도 여운은 계속되었습니다. 눕혀놓아도 아기는 좀처럼 안심하거나 잠들지를 못했습니다. 안기겠다는 말만 반복했지요.

저는 진료실에서 불안을 호소하는 분들을 매일 보고 있고, 어떻게 해야 할지도 알고 있습니다. 하지만 언어를 매개로 하는 개입이 가능한 경우일 때의 이야기입니다. 아무리 설명해도 아직 인지적으로 잘 알아듣지 못하는 아기에게는 어떤 식으로 접근을 해야 할지 대략 난감했습니다. 그러다 떠올린 것이 일종의 신체적인 개입 방법이었습니다.

정신건강의학과에서 사용하는 대표적인 신체적 개입 방법으로는 '안구 운동 민감 소실 및 재처리 기법EMDR, Eye Movement Desensitization&Reprocessing'이 있습니다. 이는 안구 운동이나 (촉각이나 청각의) 대칭성 자극을 통해 감정적인 어려움을 경감시키는 방법입니다. 하지만 이 방법 역시 언어적인 지시가 꽤나 필요하기에 아기에게 적용하기란 어려울 것 같았습니다.

그리하여 두 번째로 생각해낸 것이 '감정 자유 기법EFT, Emotional Freedom Techniques이었습니다. 이 기법의 창시자는 꽤나 독특한 주장을 합니다. "모든 부정적인 감정의 원인은 경락의 혼란에서 기인"하며, 특정 지점을 번갈아 두드리면서 특정한 어구를 되뇌면 치유가 일어난다는 것입니다.

그런데 말입니다. 만화에서 이미 말했듯, 한 대조군 연구에서는 '아무 부위를 무작위로 두드리거나, 심지어 인형을 두드리더라도 비슷하게 공포감이 줄어들었다'는 결과가 나왔습니다. (이를 바탕으로, 외국에서는 아이들이 두드리기에 좋도록 특정 지점을 표시해놓은 인형들을 팔기도 합니다.

그런 이유로 저는 그냥 아기를 죽 토닥였습니다. "괜찮아"라는 말과 함께 말이죠. (저는 경락이 어디인지, 아니 무엇인지조차도 잘 모릅니다.) 마술처럼 아기는 곧 차분해졌고, 퇴원 후 처음으로 편안한 표정으로 잠에 빠져들었습니다

아마 비슷한 경험이 다들 있으실 것 같습니다. 어머니나 할머니가 "엄마 손은 약손이다" 하며 살포시 배를 문질러주시면 어느샌가 아픈 배가 편안해지던 경험 말입니다. 어쩌면 아기에게 가장 의미 있었던 것은 신체적인 접촉, 마음을 담은 토닥임 그 자체가 아닐까 하는 생각이 듭니다.

16

담아주기

아기는 어째서 그렇게까지
불안에 떨었을까?

파릇파릇 자라나는 마음으로는
차갑고 낯선 현실을 납득하는 게
아직 버거웠던 것일까.

아기가 보였던 불안은 우리의 예상보다
훨씬 더 짙은 색이었다.

그렇다면…
토닥임은 어째서 불안을 가시게 만들 수가 있었을까?
UCLA 정신과 앨런 쇼어 박사의 이야기를 들어보자.

<스압 주의>
쇼어 박사의 감정 조절 발달에 관한 강의

인간이 스스로 감정을 조절하기 위해서는 뇌(특히 안와전두엽)의 성숙이 필수적입니다.

그런데 안와전두엽은 만 1세 ~ 1.5세에 급속히 발달합니다.

그러니 이 시기까지는 감정 조절에 관해 아기가 할 수 있는 일이 거의 없는 셈이죠.

따라서 아기가 감정적으로
동요될 경우에는 외부에서
아기 대신 감정을 조율해주는
것이 필수적입니다.
고마해라
스트레스
마이 받았다
아이가
발달 내분비학 연구에 따르면
터치나 몇몇 감각 자극은
즉각적으로 스트레스에 대한
반응을 줄여준다고 합니다.
뇌하수체-부신의 스트레스 반응이 억제되는 것이지요.

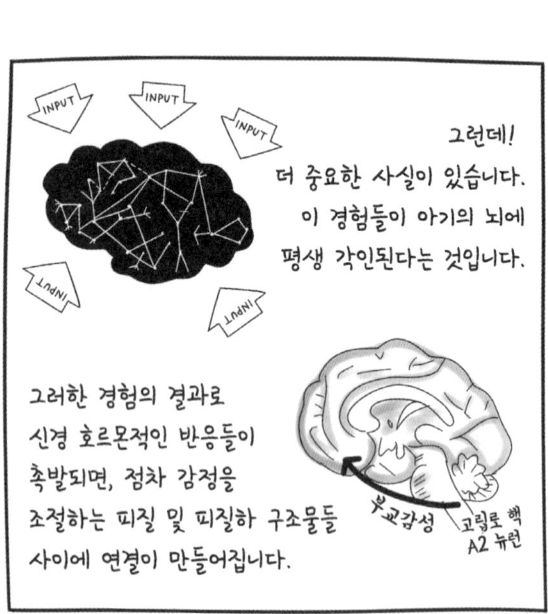
INPUT
INPUT
INPUT
INPUT
INPUT
그런데!
더 중요한 사실이 있습니다.
이 경험들이 아기의 뇌에
평생 각인된다는 것입니다.
부교감성
고립로 핵
A2 뉴런
그러한 경험의 결과로
신경 호르몬적인 반응들이
촉발되면, 점차 감정을
조절하는 피질 및 피질하 구조물들
사이에 연결이 만들어집니다.

흥미롭게도 정신분석가들은 이런 신경과학적 개념을 일찌감치 알고 있었던 것 같다. 윌프레드 비온은 "담아주기Containing"라는 용어로 이를 표현했다.

<담아주기의 과정>

1. 아기는 스스로 감당하기 힘든 감정들을 엄마에게 내보낸다.

2. 엄마가 아기의 감정을 감당할만한 것으로 바꿔주면 아기는 이를 다시 받아들인다.

3. 이 과정이 반복된 결과 엄마의 담아주기는 아기 안에서 자리 잡는다.

Wilfred R. Bion
(1897-1979)

도널드 위니컷 역시
"안아주기Holding"라는
비슷한 개념을 소개한 바 있는데...

약간 관점의
차이가 있기는 하나
아무튼 두 분석가 모두
초기 부모의 감정적 보살핌이
아기에게 미치는 영향이
굉장히 크다는 사실을 강조하였다.

진료를 하다 보면 종종
극히 불안정한 정서, 스스로는 어찌할 수조차 없는
분노로 자기 파괴적 삶을 살아가는 이들과
마주치게 된다.

이들이 자신을 조절할 능력을
만들어내기까지는
진료실에서, 그리고 일상에서
엄청난 시간과 노력, 비용을
쏟아부어야 하는 것이
보통이다.

앨런 쇼어의 설명에 따르자면,
안와전두엽의 기본적인 구조는 만 1.5세 무렵에
이미 배선이 끝나버린다고 한다.

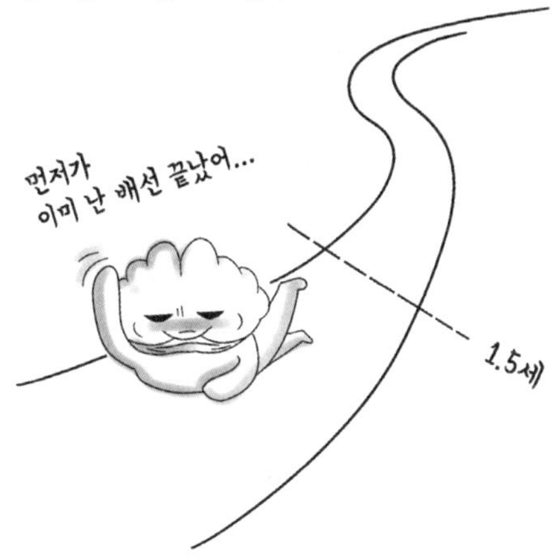

그러므로 생의 초기에는 (결코 쉽지는 않지만)
상대적으로 수월하게 얻을 수 있는 능력을
생이 어느 정도 흘러간 이후에 새로 얻기란
너무나도 힘든 것이다.

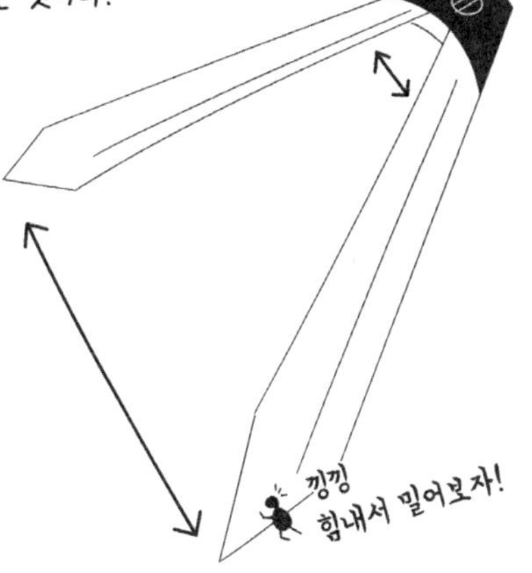

따라서 육아는 엄청나게 중요한 사건이다.
생애 첫 한두 해 동안 우리는 아기의 평생을 좌우할
무언가를 일구어나가고 있다.

힘들고 지칠 때
이 진실을 상기한다면
좀 더 (한 1분쯤 더;;;)
버틸 수 있지 않을까
생각해본다.

맺음말

감정적 보살핌, 육아

미국의 신경심리학자 앨런 쇼어Allan Schore 박사는 '개인의 감정 조절 능력'과 '생애 초기 안정적 경험'의 연관성에 관해 연구했습니다. 그에 따르면 아기가 감정을 조절하는 능력을 획득하기 위해서는 '양육자의 민감한 교감'이 반드시 필요하다고 합니다. 콩 심은 데 콩이 나고 팥 심은 데 팥이 나듯, 부모와 아기 사이 정서적 교감의 질과 양상에 따라 아기의 머릿속에서 상이한 심리생물학적 패턴이 유발된다는 것입니다.

생애 초기의 몇 년은 두뇌의 구조적인 변화가 상대적으로 쉽게 일어날 수 있는 시기입니다. 아기의 몸이 하루가 다르게 커나가듯, 두뇌 역시 빠르게 성장하는 중이기 때문이지요. 쇼어 박사는 만 1세~1.5세라는 한정된 시기 동안 아기가 경험하는 감정적 교류에 주목했습니다. 그는 이 무렵 아기가 타인과의 사이에서 겪는 정서적 경험이 정신신경내분비학적 변화를 촉발시키며, 그에 따라 아기의 전두변연 영역이 성숙한다고 강조했습니다. 그런데

이 영역은 신경해부학적으로 감정을 표현하고 조절하는 일과 관련된다고 알려진 부위입니다.

불안이나 슬픔, 혹은 그보다 더 원초적인 부정적 감정으로 압도될 경우, 어린 아기는 어찌할 줄을 몰라 합니다. 미숙한 아기에게는 아직 자신의 감정을 추스를만한 역량이 부족하기 때문입니다. 그러므로 감정을 추스르고 감당할 수 있도록 도와줄 인물이 반드시 필요합니다. 이때 '아기의 내적 감정 상태를 외부에서 조절해주는 역할'을 맡는 이는 주로 엄마나 아빠(혹은 주 양육자)가 되겠습니다.

우리는 아기가 울 때 어떻게 해야 할지 본능적으로 알고 있습니다. 얼른 안아 들고서 등을 토닥이거나 애정을 담은 목소리로 달래는 따위의 행동을 합니다. 그런데 우리가 늘 하고 있는 이 같은 일상지다반사는 차곡차곡 쌓여 의외의 큰 효과를 만들어 낼 수 있습니다. 날이 갈수록 점점 아기의 울음이 짧아지게 되는 것이지요.

이런 효과에 대해 쇼어 박사는 다음과 같이 설명합니다.

"토닥여주는 관계를 반복적으로 경험할 때 아기의 머릿속에서는 성장 촉진 생체 아민과 신경 호르몬들이 분비됩니다. 그에 따라 점차 피질과 피질하 구조물들 사이에 연결이 생겨나고, 그 과정에서 감정을 조절하는 능력이 발현합니다."

이렇게 만들어진 아기의 조절 능력은 평생의 자산으로 남습니다. 이 능력은 먼 훗날 성인이 되었을 때 여러 사람들과 마주하며 겪게 될 감정적 동요를 조절하는 데, 그리고 자기 내면의 심리적 갈등을 조율하는 데 쓰이게 될 것입니다. 생애 초기 중요한 시기 동안, 특정한 환경하에서만 발달할 수 있는 적응적 역량, 평생 동안 이어질 중요한 역량을 우리는 지금 만들어가고 있는 것입니다.

17

손에서 나쁜 냄새가 나요①

애석한 일이지만
태어날 때부터 자신의 욕망을 조절할 수 있는
아기는 없다.

시간이 흐르면서 몸은 자연히 성장하겠지만,
충동을 조절하는 능력은
몸이 성장하듯 저절로 자라나는 것이 아니다.

자신의 욕구를 제어하고, 사회적인 규범을 따르는
능력은 부단한 훈육이 심어놓은 결과물이다.

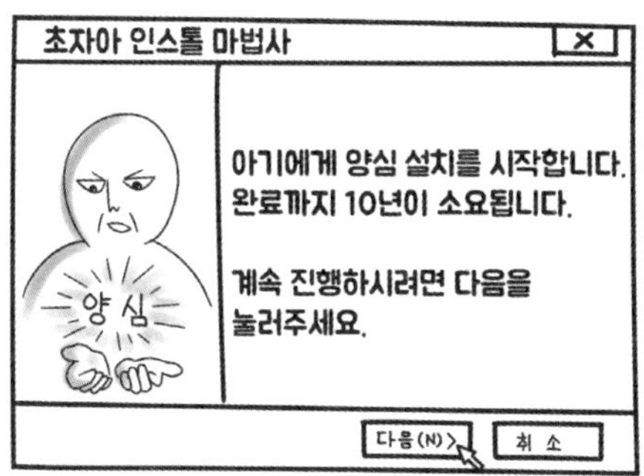

따라서 부모는 다음과 같은 복잡한 메시지를 반복적으로 가르쳐야만 한다.

"아가, 너의 욕구나 관심사는 특별하고 소중한 것이야. 하지만 타인의 욕구를 침해해도 될 만큼 특별할 수는 없단다."

너무 복잡한 메시지라 그림으로 표현하지 못했습니다.

나는 음반을 꽤나 많이 모았다.
아기는 그런 아빠의 재산을 호시탐탐 노리곤 했다.
다만 기어 다닐 무렵에는 그다지 위협적이지 않았을 뿐.

아기의 손이 닿는 높이까지 덜 중요한 음반들만 골라 꽂아놓으면 안심이었다.

그러나 아기는 하루가 다르게 쑥쑥 자라났고, 점차 만지려는 자와 막으려는 자의 힘겨루기는 격렬해져갔다.

폭풍전야.jpg

아기는 몇몇 음반들에 특히나 눈독을 들였다.
(자켓에 귀가 큼지막히 그려진 '오스카 피터슨 트리오'의 LP 역시 그 가운데 하나였다.)

한바탕 폭풍우가 지나가고 나면 승자는 없었다.

남은 것은 깨어진 CD 케이스, 긁힌 CD,
지문이 잔뜩 찍힌 LP뿐...
모두가 패배하는 음악 감상 시간이
반복되었다.

곱기야 막 교체한 새 카트리지를
아기가 건드렸을 때, 나는 이성을 잃고 소리를 질렀다.
화가 머리끝까지 치밀어올랐던 것 같다.

잠시 뒤, 아기 입에서 나온 한마디:

충격이었다.
"제 나름대로는 열심히 참아보려고 하지만
좀처럼 제어가 안 되어 슬퍼요"라는 말처럼 들렸다.

그날 밤, 잠든 아기가 울다시피 중얼거린 말도
마음을 어지럽혔다.

이런 소모적인 투쟁에 마침표를 찍을

효과적인 ~~김두한 식~~ 협상법은 정녕 없는 것일까?

아니, 그런 방법은 이미 책에 다 적혀 있었다.

안 읽었을 뿐;;;

곧 그럴듯한 해답을 찾아내었다.

18화에서 계속…

맺음말

감당할 수 있는 수준의 좌절

제지하는 사람이 곁에 없더라도 아기 스스로 정해진 규칙을 지키게 될 날이 찾아올까요? 아빠가 좋아하는 음반을 만지려다가도 '양심의 소리'를 듣고서 스스로 행동을 제어할 수 있으려면 마음속에 무엇이 필요할까요? 정신분석적 초심리학에서는 '초자아'라는 개념이 필요하다고 답할 것입니다.

초자아란 '개인의 생각이나 행동에 도덕적 판단을 내리고, 삶의 목표와 기준(자아 이상ego ideal)을 설정해주는 가설적인 정신 기구'를 일컫는 용어입니다. 이러한 초자아는 어떻게 형성되는 것일까요?

초자아는 부모가 보여주는 반응에 영향을 받으며 만들어진다고 합니다. 아기가 어떠한 행동을 할 때, 부모는 이를 관찰하고서 격려하거나, 금지하거나, 상을 주거나, 벌을 내리거나, 혹은 칭찬을 하거나, 비난을 하는 식으로 특정한 반응을 보입니다. 그러면 아기는 부모가 나타내는 그 반응의 정도를 기반으로 하여 서서히 초자아를 갖추어나가게 됩니다. 즉, 아기는 부모가 지키도록 들이미는 규칙과 금기 사항들을 흡수하여 자신의 것으로 점차 재탄생시키는 셈이지요.

그런데 이때 간과하지 말아야 할 점이 한 가지 있습니다. 초자아는 굉장히 가혹해질 수가 있다는 것입니다. 마음속에 무자비하고 초-도덕적인 초자아가 자리 잡게 될 경우, 그 사람은 사소한 일에도 스스로를 비난하고 심적으로 처벌받으려 드는 경향을 갖게 됩니다. 이른바 '잎새에 이는 바람에도 괴로워하는' 사람이 되어버리는 것입니다.

실제로 우울감, 불안감, 죄책감, 열등감, 수치심 등 괴로운 감정에 사로잡혀 진료실을 찾는 분들 가운데에는 가혹한 초자아를 갖고 있는 경우가 많습니다.

그러므로 부모로서 아기의 행동을 제지할 때에는 아기의 능력에 공감하며 일관된 기준을 정해놓는 것이 필요하겠습니다. 아기는 자신이 감당할 수 있는 수준의 좌절을 적절히 겪을 때야만 굴욕감에 압도되지 않은 채 비교적 수월하게 규칙을 익히고 통제력을 얻게 됩니다.

하지만 공감이라는 미명하에 아기의 마구잡이 행동을 용인하라는 의미는 절대 아닙니다. 좌절 없이 늘 만족하는 경험만을 얻었던 아기는 자신의 내면에 부모의 상(像)을 끌어오지 못할 것입니다. 그렇다면 언젠가 현실이 주는 좌절을 필연적으로 마주하게 될 무렵에는 훨씬 큰 대가를 치를 것입니다.

모호한 표현이지만 아무튼 '적당한' 훈육이 '적당한' 것 같습니다.

18

손에서 나쁜 냄새가 나요②

프로이트는 인간이 사고하는 형태를 두 가지로 구분하였다.

'1차 과정 사고', 즉 아주 어린 아기의 사고는
'즉각적인 욕구의 충족'만을 염두에 두고 운용됩니다.

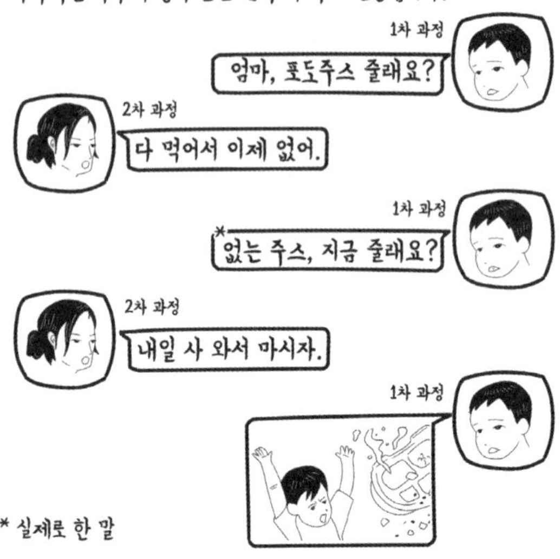

* 실제로 한 말

'1차 과정 사고'에는 논리가 없고,
현실적 제약이 존재하지 않는 것이 특징이지요.

* 실제로 한 말

아울러 '1차 과정 사고'에서의 〈욕구〉는
〈목표로 하는 대상〉을 자유롭게 갈아탈 수가 있답니다.

Anna Freud (1895-1982)
소아정신분석가, 지그문트 프로이트의 딸

어떠한 이유로 의사를 몹시 무서워하는 아이가 있었답니다.
그런데 어느 날, 그 아이는 길을 걷다가 우연히
자신의 담당 의사와 마주치게 되었지 뭡니까.

아이가 말했어요.
"선생님을 죽일 거예요!"

그러자 의사가 웃으며 답했습니다.
"선생님은 네가 나를 좋아하는 줄 알았는데..."

그러자 아이는 바로 말을 바꿨답니다.
"좋아요. 그러면 다른 의사 선생님을 죽일게요."

이처럼 어린 아이의 <욕구>는 <다른 대상>으로 쉽게 '전치' 될 수가 있는 것입니다.

아기가 발산하는
'호기심'이라는 욕구를 억누르는 일이 얼마나 어려운지는
한 번만 경험해본다면 잘 알 것이다.

맞서면 맞설수록...
억누르면 억누르려는 힘만큼
아기는 저항해온다.

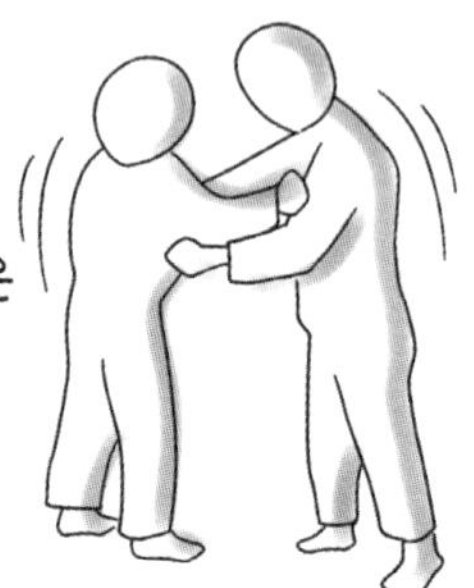

정면으로 힘을 겨루는 전략은
필연적으로 '충돌과 흥분'을
불러일으키기 마련이다.

흥분한 상태에서 아기는 (심지어 부모 역시도)
자신의 충동을 다스리는 법을 배울 수가 없다.

그러므로 단순히 "안 돼"라는 금지 메시지를 무차별적으로
남발하는 것은 피하는 편이 좋지 않을까 싶다.

그렇다면 차라리,
필요할 때마다
아기의 욕구를 받아넘겨…
살짝 방향을 틀게끔
적절한 다른 대체물을 제공해주면 어떨까.

나는 "대체물" 전략에 착수하기로 했다.

19화에서 계속…

맺음말

충동의 대체물 찾아주기 ①

정신분석의 아버지 지그문트 프로이트는 인간이 사고하는 형태를 '1차 과정Primary process 사고'와 '2차 과정Secondary process 사고'로 구분했습니다. 1차 과정 사고란 어린아이에서 보이는 독특한 사고입니다. 어린아이의 자아는 아직 미숙하기 때문에 그 운용 방식이 원초적일 수밖에 없습니다. 따라서 1차 과정으로 사고하는 아이는 자신의 욕구를 지연시키는 일이 힘듭니다.

현실적인 제약은 아무런 고려 사항이 되지 않습니다. 즉각적으로 원하는 바를 충족시키려 들 뿐입니다. '없는' 포도주스를 달라고 아기가 떼를 썼을 때 내일 사주겠다는 제안이 먹혀들지 않았던 것은 어쩌면 당연한 결과인듯합니다.

1차 과정 사고의 또 다른 특징은 욕동drive이 대상과 느슨하게 결합되어 있다는 것입니다. 욕동은 목표로 하는 대상을 비교적 자유롭게 갈아탈 수 있습니다. "꿩 대신 닭"이라는 속담처럼 쉽게 대체물을 찾아 전치displacement가 가능합니다.

아기에게 공갈젖꼭지를 더 이상 물지 못하게 한 때가 있었습니다. 적당한 끊을 시기가 되었다고 생각했기 때문입니다. 이후로 한동안 공갈젖꼭지를 요구했지만 들어주지 않았습니다. 그랬더니 어느 날부터 아기는 이불 모서리를 빨기 시작했습니다. 적당한 대체물을 찾아낸 것입니다.

엄밀히 생각해보자면 공갈젖꼭지 자체도 엄마 가슴의 대체물입니다. 결국 아기는 엄마의 가슴→공갈젖꼭지→이불로 대상을 바꾸어가며 빨고자 하는 욕구를 충족시켰음을 알 수 있습니다.

이러한 1차 과정은 자아가 발달해감에 따라 서서히 2차 과정으로 옮겨가게 됩니다. 그리하여 논리적이고 성숙한 사고가 가능하게 됩니다. 긴 시간이 흐르는 동안 아기는 충동을 참고 지연시키는 법을 조금씩 익혀나갈 것입니다.

19

손에서 나쁜 냄새가 나요③

"대체물" 전략은 단순하다.

1. 일단 아기에게 허용되는 범위를 정한 다음 명확히 알려준다.

2. 그 안에서는 아기가 어떤 선택을 해도
존중한다.

하지만 선을
넘으려고 한다면,

3. 즉시 붙잡은 다음
얼른 허용범위 내에 있는 대체물을 갖다준다.

(이때는 신속함이 생명이다.
붙잡아놓고 꾸물대면
어김없이 '충돌과 흥분'이
찾아온다.)

그런 이유로
아기가 음반장 앞에 다가와
이것저것 꺼내려고 할 때...

나는 그냥 LP 한 장을 공식적으로 줘버렸다.
<다른 음반들은 만져서는 안 된다>는 원칙을
한 번 더 알려주면서 말이다.

위 아기는
다른 음반들을
건드리지 않을 것을
약속했으므로,
이에 귀노래를
수여함.

아빠.

요약건대 이런 것이다.

비록 "귀노래"를 대가로 내어놓아야 했지만

그 한 장의 음반 덕분에
아기의 호기심은 꺾이지 않았을 뿐더러,
아무렇게나 음반을 만지려 하던
아기의 행동 역시 비교적 일관되고
예측 가능하게 다듬어진 것이다….

…는 훼이크이고…

육아는 언제나 반전을 거듭하는 법.

어느 날 퇴근하고 보니 케이스가 열린 채
부클릿이 사라진 CD가 있었다.

아니나 다를까
아기가 신나게 갖고 놀고 있었다.

보다시피 전혀 다른 음반이다.

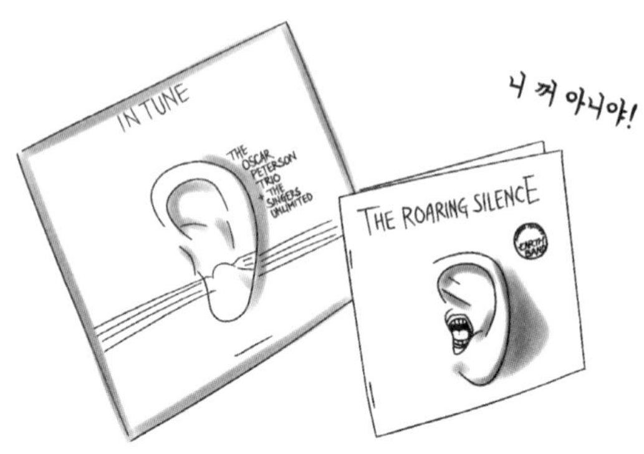

그렇다.
내가 완전히 간과한 사실이 한 가지 있었다.

"이처럼 어린아이의 〈욕구〉는 〈다른 대상〉으로 쉽게 '전치' 될 수가 있는 것입니다."

맺음말

충동의 대체물 찾아주기 ②

오디오 앞에서 서성이던 아기는 혼자서 중얼거립니다.

"만지면 안 돼."

하지만 손은 이미 턴테이블을 이리저리 만지고 있습니다. 스스로 충동을 억눌러보려고 애를 써보지만, 아직은 힘이 모자라는가 봅니다.

아기는 나름 최선을 다하고 있습니다. 아빠로부터 인정과 승인을 얻기 위해, 요구받은 규칙을 지키려고 시도하는 것입니다. 다만 충동을 능숙히 조절할 만큼 자라나지 못했을 뿐입니다.

그런데 아기와 함께 있다 보면 종종 그 사실을 간과하게 됩니다. 그칠 줄 모르는 아기의 호기심을 말려보겠다고 하다가는 이성을 잃고 소모적인 힘겨루기 상황으로 빠져들기도 합니다. 그러면 언성은 점점 올라가고 아기는 더욱 떼를 씁니다. 결국 모두가 패배하는 시점이 찾아오게 됩니다.

무조건적인 금지 명령이 먹혀들지 않는다면 전략을 조금 바꿔보면 어떨까요? 아기의 호기심 자체는 인정해주되 호기심이 흐르는 방향만을 살짝 틀어주는 것입니다. 아기와 전면전이 일어나기 전에 적당한 대체물을 제공해준다면 불필요한 충돌은 피할 수 있을지도 모릅니다.

만화에서 음반 한 장을 줬던 것과 마찬가지로, 저는 계속해서 턴테이블을 만지려고 하던 아기에게 여분의 조잡한 휴대용 턴테이블을 꺼내서 줘버렸습니다. 결과는 어땠을까요?

"이건 아빠 꺼, 이건 아기 꺼!"

아기는 한참 동안 그렇게 되뇌며 휴대용 턴테이블을 가지고 놀았답니다. 그리하여 평화가 찾아왔지요. (잠시 동안이었지만요.)

20

아기가 보고 있다

어느 저녁 시간...

엄마와 아기가 서로의 입에 숟가락을 들이미는
기괴한 풍경이 펼쳐지고 있다.

마치 유명한 권투 만화의 한 장면을
연상시킬 만큼 처절한 모습이다.

도대체 무슨 일이 벌어지고 있는 것일까?

다시 한 번 찬찬히 살펴보자면,
숟가락 이외에도 이상한 점들이 눈에 띈다.

사연인즉 다음과 같다.
언젠가부터 아기는 어른의 행동을
그대로 따라하겠다며
부쩍 고집을 부렸다.

고집에 지친 우리는 시험 삼아 이를 역이용해보기로 했다.
이를테면

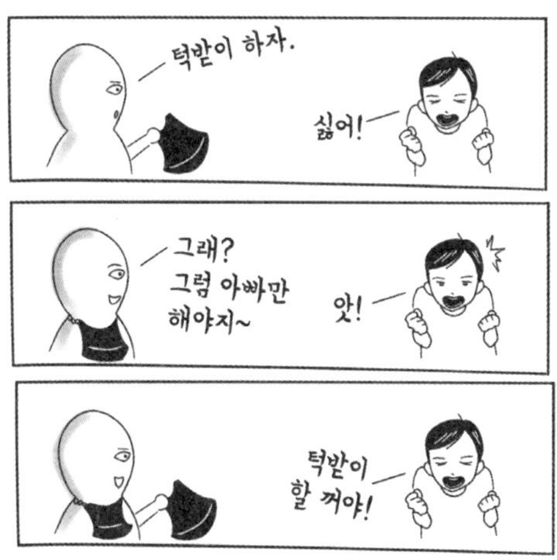

마찬가지로 우리가 먼저 식판을 쓰는 모습을 보여주자,
놀랍게도 '작은 식판 거부자'의 태도는 180도 달라졌다.

이 장면은 어느 심리학자가 했던 한 가지 재미난 실험을 떠올리게 만든다.

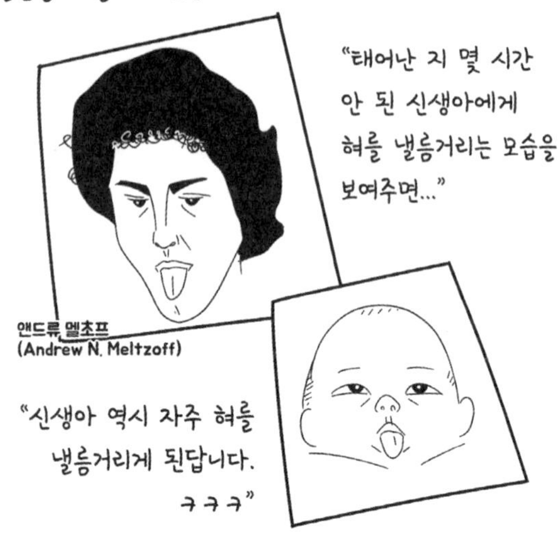

그는 이런 식으로 설명했다.

"아기들은 태어나면서부터 따라 배우려고 합니다. 막 태어난 직후부터, 필사적으로 우리처럼 되고자 합니다. 매 일상에서 아기와 나누는 상호작용이 아기를 구성해나가는 것입니다."

한편, 이러한 현상에 대해
신경과 의사 라마찬드란은 좀 더 신경학적인 해석을
내어놓았다.

이탈리아의 '리촐라티*'라는 신경학자는
원숭이의 뇌 신경 활동을 기록하다가
원숭이가 특정한 움직임을 행할 때 발화하는 뉴런들을
발견했습니다.

* Giacomo Rizzolatti

그런데 곧 더 놀라운 사실이 드러났습니다.
그 원숭이가 다른 원숭이의 (심지어 사람의)
동일한 움직임을 볼 때도 똑같이
그 뉴런들이 발화하더라는 것입니다.

움켜쥐는 것을 볼 때

똑같이 발화!

이 같은 반응을 보이는 종류의 뉴런이
바로 〈거울 뉴런〉 입니다.

자신의 모습이 어떤지 알지 못하는 갓난아기는
어떻게 따라 '혀를 낼름거릴' 수가 있었을까요?

역시 〈거울 뉴런〉이 작동했기 때문이 아닐까요?

아기는 그저 보는 것만으로도
자동적인 시뮬레이션을 체험한 셈입니다.

뒤이어 시뮬레이션을 실제로 옮겨본다면
그것이 바로 모방 행동이지 않겠습니까.

게다가 그 정도에서 그치는 것이 아닙니다.
또 다른 유형의 거울 뉴런들도 발견되었습니다.

통증을 느낄 때 관여하리라 추측되는 뉴런들이 있습니다.
그런데 그 녀석들은 타인의 고통을 목격할 때도
똑같이 활성화된답니다.

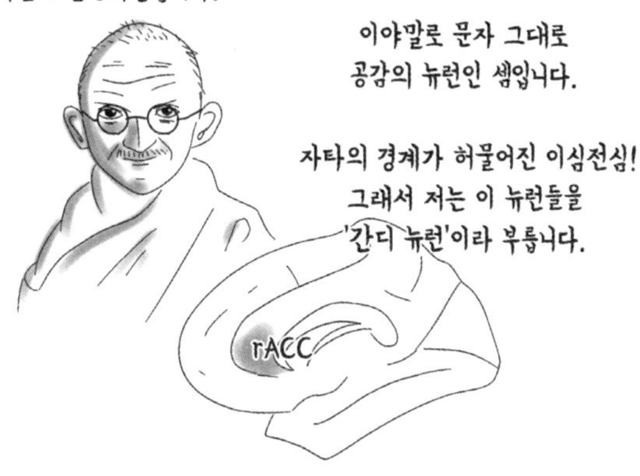

거울 뉴런의 존재를 상상조차 할 수 없었던 시절에
살았던 정신분석가 위니컷은 놀라운 직관을
보여준 바 있다.

(3번째 출연이라 젊은 시절의 얼굴로 그려보았습니다.)

아기는 어머니의 얼굴을 보면서,
거울 속에 비치는 자신의 감정을 보는 것입니다.

이건 놀라운 이야기이다.
아기는 비단 부모의 행동뿐만 아니라
사건과 사물을 대하는 감정적인 방식,
혹은 세상을 바라보는 시각마저도
실시간으로 흡수하고 있는 것인지도 모른다.

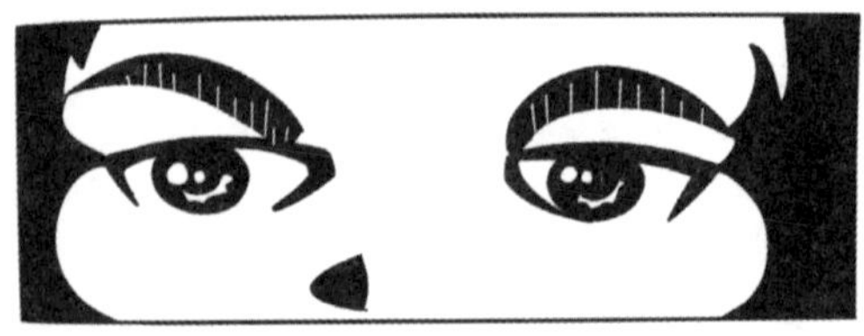

그러므로 항상 기억하자.
흉내쟁이 아기가 보고 있다는 것을…

덤: 그날 저녁, 꽃을 들었던 이유는 아무도 모른다.
(들라고 시켰던 아기는 까닭을 말해주지 않았다.)
꽃 (조화)

맺음말

흉내쟁이 아기가 보고 있다

아기처럼 흉내 내기의 달인이 또 있을까요? 저희 집 아기가 가장 먼저 배웠던 말 중에 하나는 "됐다!"였습니다. 다른 말은 놔두고 어떻게 그것부터 익혔을까 처음에는 무척 의아했습니다. 그런데 곰곰이 따져보니 아기를 씻기거나 옷을 입혔을 때 아기 엄마가 무의식적으로 내뱉던 말이 바로 "됐다"였습니다. 매번 이를 듣고 있던 아기는 아직 뜻도 잘 알지 못하는 말을 어느 순간부터 따라 하기 시작한 것이지요. 아무리 작은 사람이라 할지라도 일찌감치 타인의 행동을 관찰하고서 고스란히 카피할 준비는 되어 있나 봅니다.

아기가 어느 정도 성장한 요즘 들어 가장 난해한 일상의 과제 중 하나는 '이 닦이기'입니다. 온갖 회유와 협박(?)에도 불구하고 아기는 줄곧 협상장을 박차고 나갑니다. 그런데 예외적으로 비교적 수월하게 이 닦기에 협조한 날이 있는데, 그날은 아마도 먼저 이 닦는 본보기를 보여줬던 때였던 것 같습니다.

작은 흉내쟁이에게는 억지로 시키기보다 '먼저 본을 보여주는 것'이 훨씬 더 효과적임을 뼈저리게 체험하고 있습니다.

이러한 일들이 벌어지는 까닭에 대해 신경과 의사 라마찬드란 박사는 '거울 뉴런'이 작용하기 때문이라고 설명합니다. 우리의 행동이나 감정적인 표현에 함께 공명하는 세포들이 아기의 머릿속에 존재한다는 것입니다. 말하기를 배우고, 걸음마를 연습하고, 사건 사물에 결부된 기초적인 감정을 익히기 위해 아기의 거울 뉴런은 우리의 행동을 끊임없이 모니터하고 있는지도 모르겠습니다.

라마찬드란 박사는 여기에서 한 걸음 더 나아갑니다. 인류가 사회를 이루고, 문명을 만들고 퍼뜨리게 된 일에도 이 흉내쟁이 뉴런이 기여했으리라고 가설을 확장시킵니다. 거울 뉴런이 있기에 한 사람이 가진 아이디어나 사상은 다른 이들에게로 쉬 전파될 수 있다는 것입니다.

그런데 아기를 우리가 사는 사회로 처음 초대하는 이가 누구겠습니까? 다름 아닌 부모입니다. 따라서 아기는 부모가 보여주는 행동과 감정 반응에 따라 세상을 바라보는 시각을 고스란히 이어받을 확률이 높습니다. 앞으로 살아가게 될 세상이 마음속에 어떤 모습으로 그려질지는 상당 부분 부모가 이끄는 방식에 달려 있는 셈입니다.

그런 까닭에 내일은 좀 더 즐겁게 양치질하는 모습을 보여야겠다는 다짐을 합니다. 양치질이 유쾌한 일로 느껴진다면, 어쩌면 아기가 조금은 더 잘 따라하지 않을까 기대를 품어봅니다. (어쩌면 말입니다ㅠㅠ)

프리퀄 _ 거침없는 창작

아빠!
뭔가 굉장한 작품이
나올 것 같지?
짜 잔!
자부심 충만

21

도심의 갈매기

고려 인종 때의 문신 정지상.

5세경 '강가의 흰 새'를 보고
시를 지어 세상을 놀라게 했다.

"누가 흰 붓을 들어
강 위에 새 글자를 썼나!"

2019년, 만 2세의 아기.

'도심 한복판의 간판'을 보고
이렇게 외쳐
아빠를 놀라게 했다.

이런 순간이면 흔한 착각 속에 빠져든다.

아기의 사고는 독특하다.
거침없이, 어떠한 선입관도 없이
이 생각과 저 생각은 쉽게 연상으로 이어진다.

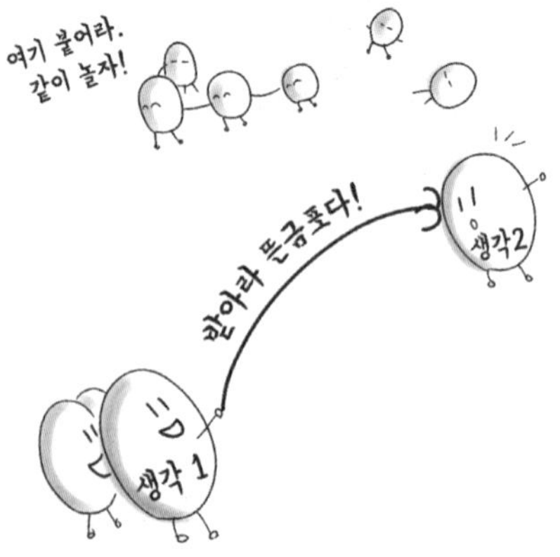

하지만...
애석하게도 그 참신한 생각들은
투박하거나, 응집력 없는 파편의 모습으로
표현되는 경우가 보통이다.

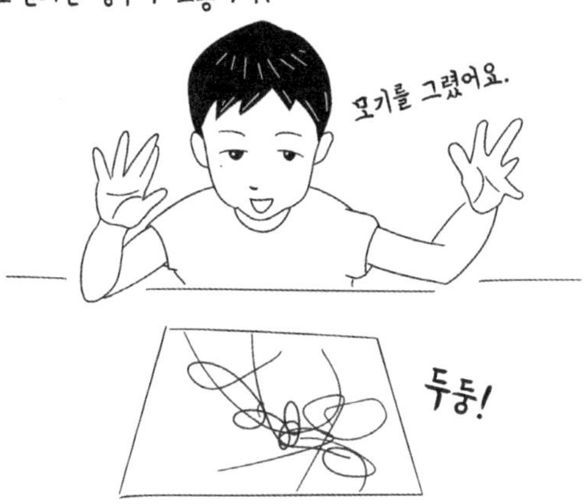

무엇이 부족하기 때문일까?
아기와 창의적인 천재를 구분 짓는 차이는 어디에 있을까?

미술사학자이자 정신분석가였던 에른스트 크리스는
이렇게 (어렵게) 설명했다.

Ernst Kris (1900-1957)

간단히 말하자면
이 '기발한 예술가'에게는
부단한 연마의 시간이
필요한 것이다.

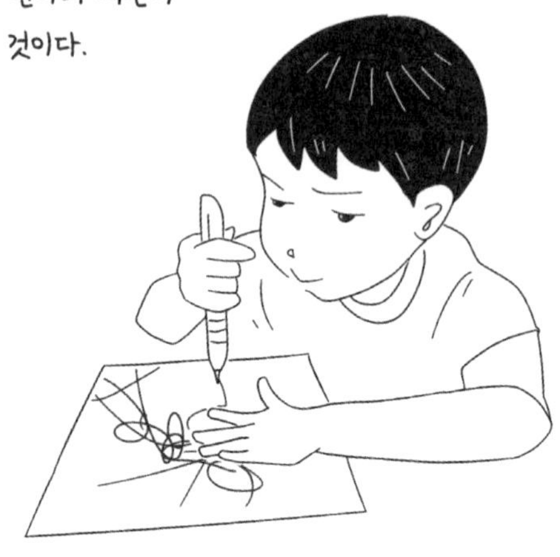

위대한 창조자/발견자들에게는
공통된 수순이 있다.

1. 창조에 밑거름이 되는 기술, 지식을 한동안 치열히
익히고 고민한다.

← 아기에게 부족한 점

2. 막다른 골목에 부딪혀 더 이상 나아갈 수 없다.

3. 뜬금없는 박자에서 참신한 발상이 떠오른다.

← 아기가 뛰어난 점

어쩌면...
아기가 즐기는
매일의 평범한 유희는

훗날 펼쳐낼 특별한 작품을 위한
일종의 준비 작업일지도 모른다.

백조다!
미래의 어느 날
반짝
아기의 눈망울 위에
새로운 별자리가 맺히기를
기다린다.

맺음말

아기는 기발한 예술가

이번 화는 만족스럽게 완성시키지 못했습니다. 굳이 이유를 찾자면 크게 두 가지 정도가 떠오릅니다. 하나는 마감에 쫓기는 마음에 충분히 생각할 여유가 없었다는 것, 또 다른 하나는 상상력의 부재로 상투적인 표현밖에 찾지 못했다는 것. '아기가 이번 화를 읽고 뭔가 조언을 해줄 수 있었으면 참 좋았을 텐데' 하고 내심 생각해봅니다.

아기가 생각하는 방식은 우리가 생각하는 방식과 상당히 다릅니다. 형식이나 논리를 갖추기보다는 굉장히 즉흥적이고 유연한 모습을 띱니다. 그 까닭은 아마도 (18화에서 이미 살펴봤듯) 1차 과정 사고를 따르기 때문인 것 같습니다.

1차 과정 사고에서는 약간의 관련성이나 부분적인 유사성만 있어도 생각들이 서로 연결될 수 있고, 정신적 내용이 옮겨갈 수도 있습니다. 그 결과 아기는 종종 기발한 예술가 혹은 천재적인 시인처럼 보이기도 합니다. 선입견과 관성에 익숙한 우리의 시각에서는 말이죠.

하지만 창조적인 결과물을 내놓기 위해서는 그것만으로 부족합니다. 아기의 창작물은 대개 투박하거나 응집력 없는 파편의 모습인 경우가 대부분입니다. 어째서 그럴까요? 적절한 설명은 영국의 사회심리학자 그레이엄 월러스Graham Wallas의 언급에서 찾아볼 수 있습니다.

월러스는 창조성이 발휘되는 과정을 4단계로 구분했습니다. 각각의 단계는 다음과 같습니다.

1단계: 준비. 창조의 밑거름이 되는 기술과 지식을 습득하는 시기(이 시기에는 강한 의지와 부단한 노력이 무엇보다도 요구됩니다.)

2단계: 잠복. 어느 정도 준비가 이루어진 이후 지금껏 의식적으로 습득한 다양한 자료를 무의식적인 마음이 정리하는 기간

3단계: 발현. 갑작스레 예기치 않은 해답이 떠오르는 시점(잠을

자며 꿈을 꾸거나 푹 쉴 때처럼 긴장이 완화되는 찰나, 무의식적인 마음에 접근하기는 좀 더 용이해집니다.)

4단계: 검증. 앞서 떠오른 해답이 적절한 것인지 의식적으로 재확인하는 과정

즉, 집요하게 탐구하고 필요한 지식이나 기술을 충분히 습득한 이후에서야 적당한 잠복기를 거쳐 마침내 새로운 생각이 발현하게 됩니다. 논리적이고, 숙련되며, 정교한 '2차 과정 사고'가 자유연상적이고 제약이 없는 '1차 과정 사고'와 맞닿을 때 비로소 창조의 불꽃이 튀게 되는 것이지요.

그런 까닭에 지금 당장은 별다른 의미나 쓸모가 없어 보이는 어린 유희 하나하나는 모두 소중할 따름입니다. 차곡차곡 쌓여가는 경험들은 훗날 서로 엮여 새로운 창조의 밑바탕이 될 것입니다.

여담이지만 저는 중학교 시절 친구들과 어울려 낙서에 가까운

만화들을 그리곤 했습니다. 만약 그때 부모님이 저의 서투른 창작을 막으셨다면, 아마 지금 이 만화는 나올 수 없었을 것 같습니다. (물론 그때 좀 더 치열하게 연습했다면, 지금보다 훨씬 멋진 그림들이 그려질 수도 있었겠죠?)

22

담아주기 revisited

나름대로 아기에 대한 지식이 쌓였으니
이제 제법 능숙하다고 자부하며 여유를 부려본다.

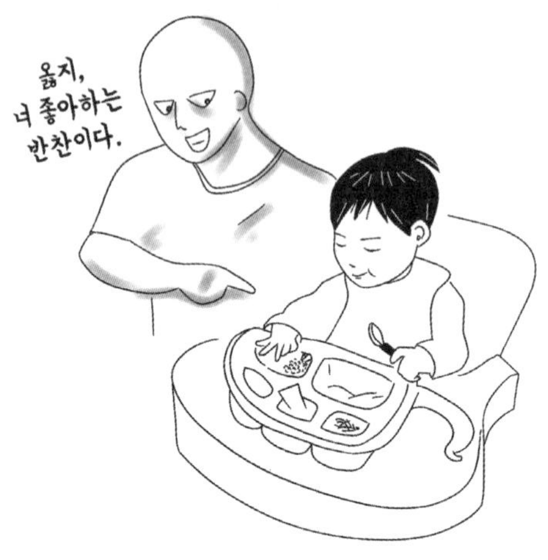

그런데 얼마 지나지 않았을 무렵
대문에서 벨이 울린다.

아기는 내심
'엄마가 금방 퇴근해 돌아오는 마법 같은 일'이
일어나기를 바라는 눈빛이다.

물론 그럴 리는 없다.
이번 손님은 몇 개월 만에 놀러온 아기의 '고모'!

고모를 모를 리는 없건만,
아기의 표정이 뭔가 미묘하다.

그때 마침 생리적 신호가 온다.
일손(?)도 늘었겠다,
잠시 뒷일을 맡기고 부엌에서 퇴장했더니...

금새 아빠를 찾는 목소리.

갈수록 점점 더 절박해지는 것 같아
덩달아 다급하다.

헐레벌떡 돌아갔더니,

밥을 안 먹겠다며,
의자에서 내려달란다.

엉겁결에 서둘러 들어올리는데,
그만 무릎을 콩 찧는다.

그다지 아플 것 같지는 않지만
이상하게 울음소리가 크다.

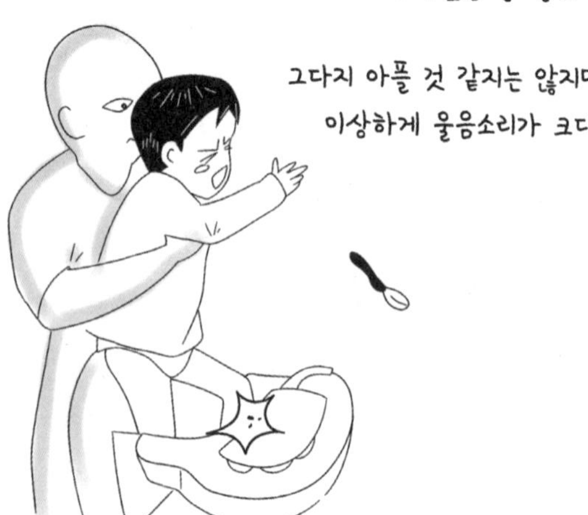

순간 이유를 고민해본다.

아기는 제3의 인물이 등장하면 불안한 건지도 몰라.
엄마 아빠가 자신을 맡겨두고 사라져버린 경험이 있으니까.

이번에도 아빠가 외출할 거라 착각한 게 아닐까.

대강 마음을 알 것 같아 안아서 토닥인다.

아빠가 나가버릴까 무서웠구나
잠깐 화장실 갔던 거야.

아무 데도 안 가고
오늘은 쭉
함께 있을 거야.

그제서야 제대로 알아맞췄다는 듯
아기는 이렇게 화답한다.

못다 한 이야기

눈물 안 나오게 해줄게

이번 화는 나름 '담아주기'를 잘 '담아낸' 에피소드라 생각합니다. 비온이 말한 '담아주기'의 과정이 이야기 속에서 어떻게 재현되었는지 간략히 살펴보겠습니다.

잠시 자리를 비웠을 때, 아기의 목소리가 들리자 저는 마음이 다급해지기 시작했습니다. 불안감에 헐레벌떡 돌아왔습니다. 돌아와서도 진정이 안 된 나머지, 서두르다 식탁에 아기의 무릎을 찧게 만들기까지 했습니다. 어쩌면 이 감정들은 당시 아기가 느끼고 있던 감정과 거의 비슷한 것이었을지도 모르겠습니다. 아빠와 떨어질지도 모른다는 (그리고 엄마와 떨어졌다는) 사실에 아기는 틀림없이 불안했을 것이니까요. 결국 아기의 견디기 힘든 감정이 고스란히 저에게 전해져온 셈이었지요.

식탁에 무릎을 부딪친 아기는 심하게 울었습니다. 마치 "아빠가 나를 힘들게 한다"는 원망이 실린 것만 같았답니다. 만약 "너 별로 세게 안 부딪혔으니 이제 그만 눈물 그치자" 같은 식으로 반응했더라면 공감은 실패로 끝나고 한동안 울음은 계속되었을지도 모르겠습니다.

하지만 다행스럽게도 저는 대강의 맥락을 파악하고 있었습니다. 당시 아기는 오매불망 엄마가 돌아오기를 기다리던 중이었습니다. 그런 상황에서 아빠까지 사라진다면 얼마나 충격일까요? 게다가 저희 부부는 토요일에 아기를 부탁드리고 외출한 적이 몇 번 있었습니다. 아마도 제3의 인물(고모)의 등장은 아기로 하여금 그런 경험을 상기하게 만들었을지도 모르겠습니다.

그와 같은 연상을 바탕으로 저는 아기를 토닥이기 시작합니다.

"오늘은 아무 데도 안 나갈 거야."

이렇게 이야기해주면서 말이죠. 아기는 그 토닥임을 받아들입니다. 그리고는 "눈물 닦아줄래?"라는 말로 화답했습니다.

여기에 재미있는 사실이 하나 더 있습니다. 아기가 "눈물 닦아줄래?"라는 말을 쓰기 이전에는 더 원초적인 표현으로 이를 요청했다는 것입니다. 좀 더 어렸을 무렵, 비슷한 상황에서 아기는 다음과 같이 말하곤 했습니다.

"눈물 안 나오게 해줄래?"

이 재미있는 표현을 정신분석적으로 번역하자면 대강 이런 의미가 될 것 같습니다.

"제가 감당하지 못하는 지금의 감정을 아빠 엄마가 조절해주세요. 저의 보조 자아가 되어서 감당할만한 감정으로 바꾸어주세요."

아기는 그 순간, 바로 '담아주기'를 요청하고 있었던 것입니다.

사실 '담아주기'는 성인의 정신치료 상황에서 종종 등장하는 개념이기도 합니다. 그런데 잘 담아주기 위해서는 환자에 대해 꽤 많은 정보들을 알고 있어야만 합니다. 보통은 환자와 함께한 시간이 많이 쌓여야 하고, 환자에 대한 관심 역시 많아야만 하며, 적절히 공감할 수도 있어야 합니다.

그렇다면 '아기를 '담아주는' 것 역시 어려운 과제 아닌가?'와 같은 의문이 들 수도 있을 것입니다. 하지만 부모는 치료자와는 출발선부터가 다릅니다. 이미 우리는 매일 아기에게 헌신하고 있지 않습니까.

23

떼쓰기 대처법 총정리

*주: 이번 화는 그림을 재활용했습니다. 켁...

아기와 함께 자라나기를 약 3년…
많은 시행착오 끝에 이제 떼쓰기에 대처하는
나름의 노하우가 생겼다.

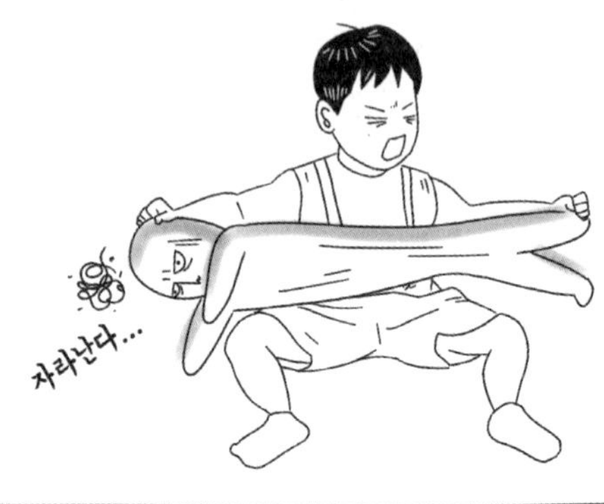

아기가 떼를 쓸 때
내가 가장 먼저 하는 일은 '감별 진단'이다.

1. 불안/공포 등의 감정에 압도된 상태인가?

2. 아니면 뭔가 원하는 것을 얻으려는 심산으로 고집을 피우는 것인가?

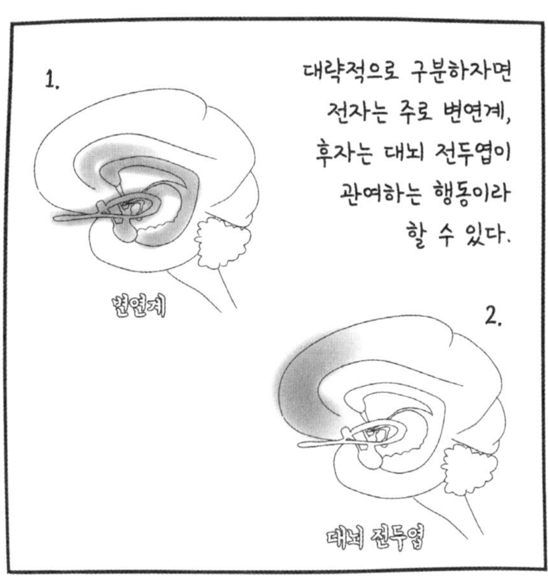
1.
대략적으로 구분하자면
전자는 주로 변연계,
후자는 대뇌 전두엽이
관여하는 행동이라
할 수 있다.
변연계
2.
대뇌 전두엽

만약 그 모습이 언뜻 봐도 심상치 않거나
불안 등의 감정에 압도된 듯 보인다면,
바로 토닥이며 달래준다. (변연계 떼쓰기)

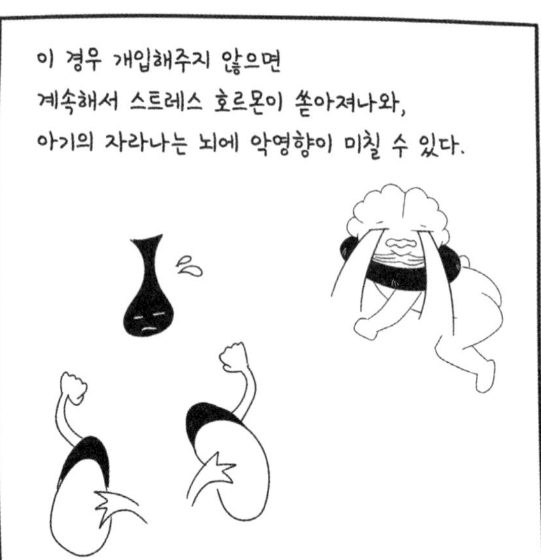
이 경우 개입해주지 않으면
계속해서 스트레스 호르몬이 쏟아져나와,
아기의 자라나는 뇌에 악영향이 미칠 수 있다.

반면에 대뇌 전두엽이 작동하고 있는 떼쓰기,
즉 후자의 경우라면 가급적 휘둘리지 않으려
마음을 다잡는다.

이때는 대응 전략을 다양하게 생각해볼 수 있다.
니가 전두엽을 쓰면
나도 전두엽을 쓴다!
두뇌 풀가동!

A. 대안을 제시하여 관심을 돌린다.
이 방법은 스피드가 관건이다.
경험상 떼쓰기가 무르익고 나면 통하지 않기 때문에,
조짐이 보인다 싶으면 바로 실행에 옮긴다!
아빠
대안

B. 예고를 한다. 앞으로 어떤 일이 벌어질지 알려주어 마음의 준비를 하게 만들면, 의외로 저항이 적다.

C. 이중구속을 활용한다.
이는 비록 제한된 범위이긴 하지만 아기에게 나름의 선택권을 줄 수 있다는 장점이 있다.

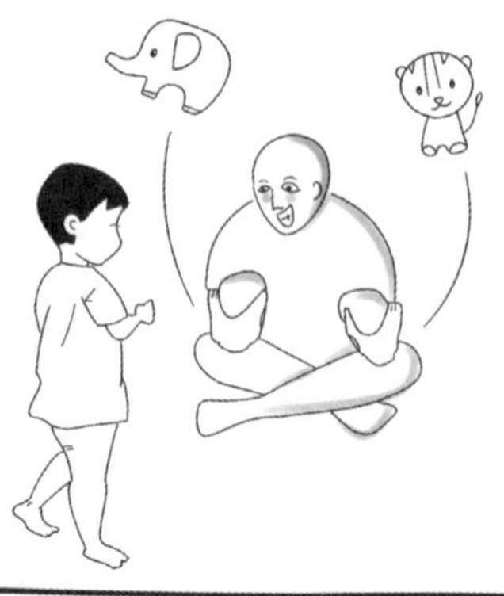

하지만 만약 모든 방법이 실패로 돌아간다면,
최후의 수단을 사용할 수밖에 없다...
그것은 바로...

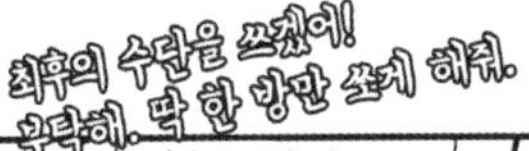

D. 단호히 거절하는 것!
한 번 거절하고 나면, 아기가 잠잠해질 때까지
더 이상 어떠한 관심도 보여주지 않는다.

이를 플로우 차트로 정리하면 다음과 같다.

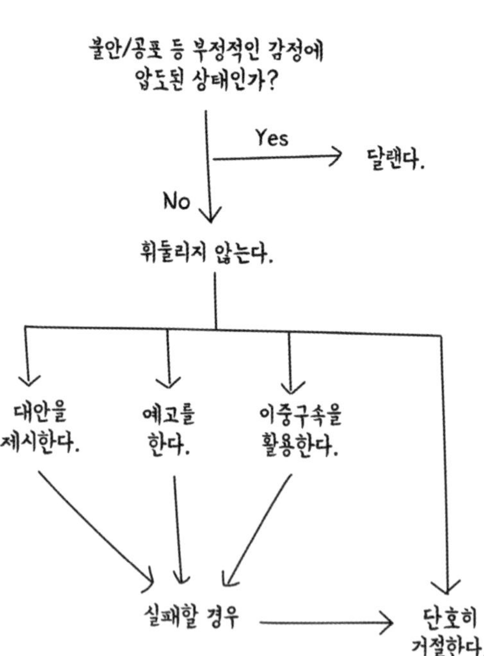

하지만…

어지간한 육아서에서 쉽게 찾아볼 수 있는
이런저런 방법들은…

사실 완벽하게 작동하는
절대적인 원칙은 아닌 것 같다.

(이 만화에서 아래의 '짤'이 가장 많은 빈도로
재활용되었다는 사실이 이를 증명해준다.)

어쩌면 더 중요한 일은
<아기를 사랑하는 마음>을 전해주는 것인지도
모르겠다.

부모의 사랑이 전해져옴에 따라
점차 아기는 욕망을 양보하는 법을
배우는 것 같다.

아기 역시
부모를 사랑하기
때문에...
사랑하는 부모를
위해서
참아내는 것이다.

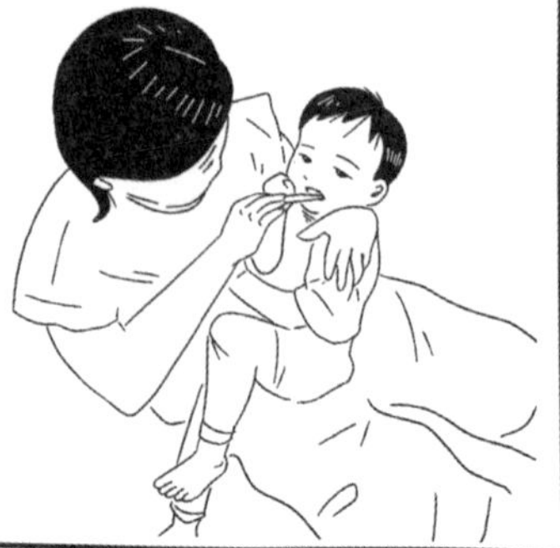

맺음말

아기도 참아내고 있어요

매일매일 아기는 좀 더 자율적인 존재가 되기 위해 자라나고 있습니다. 자신의 목소리를 내며 떼를 쓰는 상황도 당연히 빈번해집니다. 어쩌면 육아의 많은 부분은 떼쓰기와의 '밀당'이 아닐까 하는 생각도 듭니다.

아기가 떼를 쓸 경우에는 어떤 식으로 반응할지 미리 몇 가지 원칙을 정한 다음, 가급적이면 일관된 태도를 고수하는 것이 필요합니다. 일단 일관된 반응에 익숙해진 아기는 자신의 리듬을 조정하는 데 어려움을 조금 덜 겪을지도 모릅니다.

우선 아기가 떼를 쓰는 상황에서는 아기가 어떤 상태에 있는지 파악하는 것이 중요합니다. 예를 들어 아빠 엄마가 외출할 것 같다는 낌새를 느끼고서 떼를 쓰며 우는 아기의 경우를 생각해봅시다. 이때 아기는 심한 분리불안을 느끼고 있을지도 모릅니다. 아무리 친숙한 다른 어른이 돌봐준다 한들 부모의 안정감과는 비할 바가 못 됩니다.

그럴 경우에는 (시간이 허락하는 한 가급적) 눈물이 잦아들 때까지 달래는 것이 좋겠습니다. 안고서 토닥이며 알아들을 수 있을 만큼 설명한다면 (다시 돌아올 부모를 기다리면서) 잠시 이별을 견뎌낼 힘이 생길지도 모릅니다.

반면에 원하는 목적을 이루기 위해 떼를 쓰는 경우라면 단호한 태도를 보여줘야 합니다. 만약 견디는 게 힘들어 부모가 보상을 해준다면, 다음번의 떼쓰기는 더욱 강력해진 모습으로 돌아올 것입니다.

일상에서 허용되는 일/허용되지 않는 일을 나누어놓고 일관되게 되새겨주는 것도 필요합니다. 아기가 허용되는 범위 안에서 놀 때에는 어떤 선택을 하든지 결정을 존중해줍니다. 그러나 일단 경계를 넘어버리면 즉시 개입하여 제지하는 것입니다. 용어는 뭔가 거창해 보이는 '이중구속'도 따지고 보면 일정한 허용 범위 안에서 스스로 선택을 하게 만드는 기술일 뿐입니다.

예고를 하는 것도 때로는 좋은 방법인 것 같습니다. 예를 들어 세

면대에서 장난을 치고 있는 아기를 생각해봅시다. 수도꼭지를 열었다가 잠그기를 무한정 반복하는 아기를 곧바로 화장실에서 데리고 나오기란 쉬운 일이 아닙니다. 그럴 때는 이렇게 예고를 해보는 겁니다.

"세 번만 더 하고 나서는 나오는 거야."
"이제 한 번 남았다. 한 번만 더 틀고 나서는 아빠랑 같이 나갈 거야."

이 과정에서 아기는 마음의 준비를 할 것입니다. 그리고 마지막 한 번을 더 틀고 나서는 심한 저항 없이 화장실에서 나올 것입니다.

그런데 이런 떼쓰기 대처법들을 세세하게 생각하기 이전에 간과하지 말아야 할 전제가 한 가지 있습니다. 무엇보다도 우리의 '사랑하는 마음'이 아기에게 전해질 수 있도록 노력해야 한다는 것입니다. 미숙한 아기가 자신의 욕망을 제어하기란 참으로 어렵습니다. 그럼에도 아기가 참는 이유는 아마 한 가지밖에 없을 것입니다. 바로 자신이 사랑하는 부모의 인정을 받기 위한 것이지요. 만일 아기에게 부모의 승인 여부가 큰 의미가 없다면 자신의 욕망을 참고자 하는 동기는 생기지 않을 것입니다. 부모가 자신을 사랑한다는 굳건한 믿음이 있을 때야만, 아기는 부모를 위해 자신의 욕망을 조금씩 눌러나갈 것입니다. 그리하여 부모가 살고 있는 사회의 규범을 차근차근 익혀나갈 것입니다.

24

부모로 자라나기

똥-강아지 명사

1. 똥을 먹는 잡종 강아지
2. 어린 자식이나 손주에게 애정을 담아 귀엽게 이르는 말
3. 다른 사람을 업신여기어 낮잡아 부르거나 이르는 말

이렇게까지 사랑과 분노를 동시에 담을 수 있는 중의적 표현이 또 있을까?

부모는 애정어린 목소리로 아기를 토닥인다.

이때 아기는
포근한 느낌만을 받아갈 뿐,

'똥 + 강아지'에
다른 뜻이 담길 수 있다는
사실은 눈치채지 못한다.

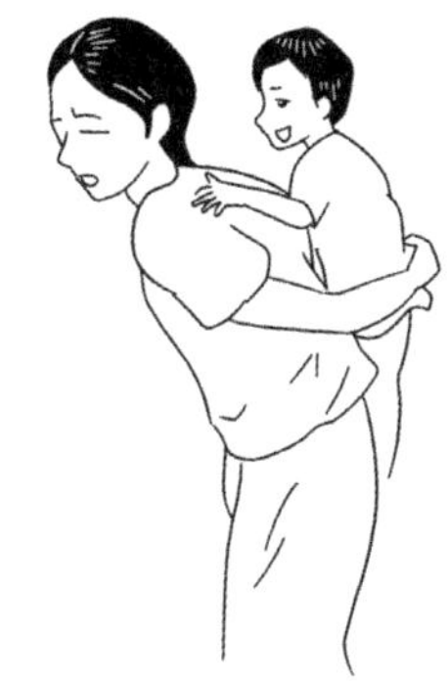

이 같은 장면은 다른 문화권에서도
찾아볼 수 있다.

위니컷은 'Rock-a-bye Baby'란 자장가의
으스스한 노랫말에 주목했다.

Rock-a-bye baby, on the treetop
잘 자라 우리 아가, 나무 꼭대기에서...

When the wind blows, the cradle will rock
바람이 불면, 요람이 흔들리겠지

When the bough breaks, the cradle will fall
가지가 부러지면, 요람도 떨어지겠지

and Down will come baby, cradle and all
아기도, 요람도, 모두 다 떨어지겠지

아무리 봐도,
포근한 멜로디와는 어울리지 않는 가사이다.

그 속에는
노래하는 이의 여러 부정적인 감정...
불안, 우울, 심지어 분노까지도 담겨 있는 것 같다.

하지만 보드라운 선율에 묻혀
아기는 미처 깨닫지 못한다.

노래하는 이는 혹여 아기가 느낄세라
조심조심 자신의 감정을 들여다보는 것이다.

부모가 된다는 것은
희노애락의 온갖 감정을 보다 온전히
받아들일 수 있게 되는 과정인지도 모르겠다.

대가를 계산하지 않은 채,
나 이외의 존재를 나처럼 사랑하는 일…

순간 분노가 치밀어올라도, 불편한 감정을 품고서도
상대방에게 풀지 않는 일…

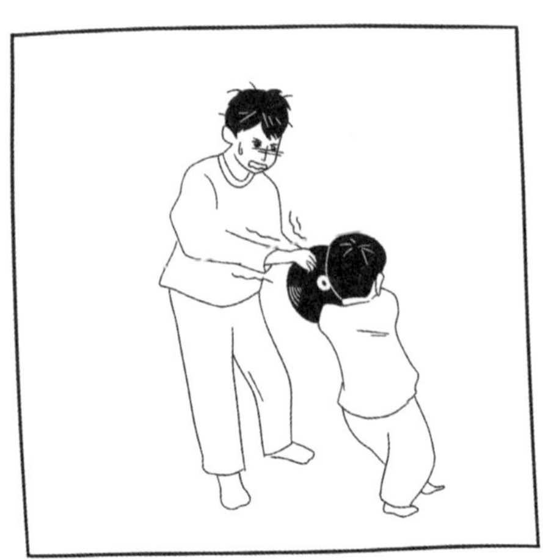

사실, 성숙하게 감정을 풀어내는 일은
힘든 과업이다.

하지만
수많은 시행착오로 채워질
그 과정 속에서
점차 우리는
좀 더 부모로 자라날 것이다.

아기에게 열이 나 마음 복잡했던 어느 날,
나이 지긋한 병리과 선생님이 해주신 말씀이
한참 동안 여운을 남겼다.

"그러면서 부모는
점점 어른이 되어가는 거랍니다."

맺음말

부모는 아기와 함께 자란다

뭐가 그리 재미나는지 신나게 뛰어다니던 아기, 아뿔싸 물컵을 엎질러 바지를 적십니다. 아기는 화들짝 상기된 얼굴로 엄마 곁으로 돌아옵니다. 그리고는 안아달라고 신호합니다. 엄마는 아기를 안아 들고, 난장판이 된 바닥을 스윽 쳐다봅니다. 한숨을 내쉬고는 놀란 아기를 토닥이며 이렇게 말합니다.

"아이고, 우리 똥강아지."

'똥', '개'처럼 공격적인 단어를 사랑이 듬뿍 담긴 목소리로 말하다니…. 곰곰이 생각하면 굉장히 이상한 표현입니다. 비슷한 사례는 또 찾아볼 수 있습니다. 서구의 자장가들에는 어째서 그런 내용을 노래하는지 선뜻 이해가 되지 않는 노랫말이 붙은 것들이 여럿 존재합니다. 미국의 자장가 'Hush Little Baby'는 수많은 시행착오와 실패를 나열하고 있으며, 이탈리아의 자장가에는 늑대가 양을 통째로 먹어치우는 내용이 등장합니다. 앞서 만화에서 살펴본 'Rock-a-Bye Baby' 역시 위태롭고 불안한 표현들로 채워져 있습니다. 아기에게 이런 가사를 들려줘도 되나 싶을 정도입니다. 다행히도 아기는 그 뜻을 이해하지 못합니다. 자장가를 부르는 이의 나긋한 목소리나 노래의 따스한 멜로디에 포근함을 느낄 뿐입니다.

'똥강아지' 같은 표현이나 방금 언급한 자장가에는 공통점이 존재하는 것 같습니다. 말/노래하는 이는 아기를 토닥임과 동시에, 자신의 감정을 은밀히 (아기가 알아차리지 못하게) 표현하고 있는 것입니다. 여러 가지 부정적인 감정, 즉 우울, 불안과 공포, 분노 등을 말이지요.

세상 모든 일과 마찬가지로 육아에도 명암이 존재합니다. 바라보기만 해도 흐뭇한 아기의 미소 이면에는 매일같이 갈아줘야 하는 기저귀도 있고 뜬눈으로 지새우는 열나는 밤도 존재합니다. 아기를 키워나가는 동안 우리는 이러한 순간들을 어쩔 수 없이 마주하게 됩니다. 때로는 견디기 힘든 상황이 생기고 시행착오가 일어나기도 합니다.

하지만 부모라는 이름이 주는 책임감이 있기에 이 모든 상황을 그럭저럭 잘 인내할 수 있습니다. 이는 부모가 되기 전에는 상상할 수 없었던 일입니다. 아무리 격한 가사일지라도 부드러운 멜로디로 엮어낼 수 있는 까닭은 바로 아기가 있기 때문입니다.

부모는 아기를 키우며 함께 자라납니다.

저자 후기

이 만화가 정말 책으로 나오게 될 줄은 몰랐습니다.

조금씩 커나가는 아기, 그와 함께하는 우리 부부의 일상이 너무 빠른 속도로 휙휙 지나간다는 아쉬움에 뭐라도 움켜잡고 싶은 심정이었습니다. 그러다 문득 '매일의 모습들을 스냅샷처럼 기록해두면 어떨까?' 하는 마음이 들었고, 그래서 그림을 그리기 시작했던 것인데 일이 커져버렸습니다.

만화를 보셔서 아시겠지만 저는 슈퍼대디와는 거리가 먼 사람입니다. 때로는 흥분해 아기에게 소리를 지르는 평범한 초보 아빠입니다. 정신건강의학과 전문의가 되기는 했지만 소아정신의학을 따로 전공하지는 않았고, 진료실에 있을 때도 소아는 참 어렵고 힘들다는 생각이 앞서는 의사입니다. 다만 주된 관심사였던 정신분석과 신경과학 분야에서 소개된 일반적인 지식을 조금 알고 있는 정도였습니다.

그런데 현실이 되어버린 육아는 '글로 아기를 배웠던' 저에게 진

짜 시각을 심어주었습니다. 책에서 읽었던 이야기들이 아기를 통해 실제로 깨어나 숨을 쉬기 시작했다고 할까요. 아기는 저를 지적으로 자라나게 해주는 스승이었습니다.

동시에, 감정적으로도 조금씩 변해갔습니다. 아빠가 되어보지 않고서는 절대 알 수 없을 법한 느낌이 세상에 여럿 존재하고 있음을 알게 되었고, 키워주신 부모님의 마음은 어땠을까 문득문득 떠올려보는 순간들도 늘었습니다. 언뜻 보기에 일방적으로 흘러가는 것처럼 보이는 부모-아기라는 관계가 정말로 일방적인 관계는 아닌 것 같다는 자각이 생겼습니다. 아기 역시 부모의 일상에 열매가 맺히게끔 매 순간을 선물하고 있으며, 그로 인해 부모의 삶은 보다 풍성해질 것이란 생각이 듭니다.

제 어머니는 시인입니다. 어머니는 저를 대상으로도 시를 한 편 쓰신 적이 있습니다. '네 길을 가는 너를 볼 것이다/이 세상 어느 곳에서든지/네 기억 속의 내가…'라는 구절로 끝나는 그 시를 어릴 적에는 이해하지 못했습니다. 하지만 한참 뒤의 어느 날 그 시를 다시 발견했을 때, 저는 잊고 있었던 선물 꾸러미를 새로 여는 기분이었습니다.

이 만화도 아기에게 그렇게 될 수 있었으면 하는 바람입니다. 아기가 좀 더 많이 자란 어느 날, 책장 한쪽 구석에 꽂혀 있을 이 책을 우연히 찾아내어 읽다 입가에 웃음이 맺혔으면 합니다.

처음에는 좀 더 은밀한 이야기와 감상이 깃든 그림을 남기고 싶었습니다. 그런데 출간 계약을 맺게 되면서 조금씩 풀어내는 방향이 바뀌었습니다. 저의 이야기가 알려진다는 것에 대한 부끄러움과 직업적 자기 검열로 인해 생생한 많은 부분이 깎여나가버렸습니다. 아직 소화가 안 된 채로 남아 있어 고민만 하다 차마 그릴 엄두조차 내지 못한 사연들도 있습니다. 그런 까닭에 한편으로는 아쉬움이 남습니다.

감사해야 할 사람이 많습니다. 소재거리를 계속해서 제공해주고 있는 우리 아기, 육아 만화를 그린다는 핑계로 정작 육아는 소홀히 한 남편을 응원해준 (그리고 아주 조금 구박한) 아내, 한결같이 저를 길러주셨고 이제는 종종 아기도 길러주시는 부모님, 장인 장모님, 아기를 잘 돌봐주시는 이모님. 모두 감사합니다. 연재 1회 만에 연락을 주시고 오랜 기다림 끝에 이 책이 나오게 만들어주신 빈티지하우스 출판사 박의성 기획실장님께도 감사의 말씀을 드립니다. 그리고 의대 시절 강의록에 기꺼이 (그림 연습을) 낙서를 하게 해준 재윤이(지금은 안 교수님)에게도 고맙다고 전하고 싶습니다.